Déjà vu 1: Moi ... et quel

1 Moi
(as 8–9)

Salut! Je suis Avril Lavigne et je suis canadienne. Je parle anglais et français. Je suis née en 1984 à Napanee, dans la province d'Ontario, au Canada.

Mon anniversaire, c'est le vingt-sept septembre. Physiquement, je ne suis pas très grande et j'ai les cheveux blonds et les yeux bleu-vert.

Ma passion, c'est la musique (bien sûr), mais j'adore aussi le skate et j'aime écrire des chansons. J'écris toutes mes chansons! J'adore également les animaux; j'ai un chien qui s'appelle Sam. Il est très mignon!

J'ai un frère Matt qui a vingt-quatre ans et une sœur Michelle qui a seize ans. En ce moment, je donne des concerts en Europe et après ça, je vais faire une tournée au Canada.

Salut! C'est moi, Tony Parker. Je suis joueur de basket. Je suis français, mais j'habite maintenant aux États-Unis où je joue au basket pour les San Antonio Spurs. Je suis né en 1982 et mon anniversaire est le 17 mai. Je suis grand (comme tous les joueurs de basket) aux yeux bruns et aux cheveux très courts.

J'ai deux frères qui sont plus jeunes que moi; ils s'appellent Terence et Pierre, mais je n'ai pas de sœur. Je m'entends très bien avec mes frères parce qu'on a les mêmes centres d'intérêt.

J'aime la musique américaine et le rap, mais j'ai également une grande passion pour les voitures.

1 Lisez les textes. Vrai (V), faux (F) ou pas mentionné (PM)?

1 Avril parle anglais et espagnol. ☐
2 Elle a vingt et un ans. ☐
3 Elle est patiente. ☐
4 Sa sœur est plus jeune qu'elle. ☐
5 L'anniversaire de Tony est le dix-sept mai. ☐
6 Il n'a pas les yeux bleus. ☐
7 Il a une sœur aînée. ☐
8 Il aime faire du skate. ☐

2 Écrivez un paragraphe avec ces détails.

> Don't forget to use connectives: **et** (and), **mais** (but), **parce que** (because), **ou** (or) and **qui** (who) to make your language flow better. Also use time phrases such as **maintenant**, **en ce moment** and **après ça**.

3

1 Moi

Déjà vu 2: Les choses que j'aime faire (pages 10–11)

Ma passion, c'est le sport et j'aime surtout les sports d'hiver. Mon sport préféré, c'est le ski, mais j'aime également faire du snowboard. C'est très cool! J'habite à Annecy dans les Alpes et tous les week-ends, en hiver, je fais du ski. Ma tante a un chalet dans une station de ski et on y va souvent de novembre jusqu'à mars. C'est super.

À Annecy, il y a une patinoire et une fois par semaine, je fais du patin à glace avec mes copains. J'adore patiner. En plus, je m'entraîne tous les mercredis au gymnase. J'y vais avec mon frère. Je n'aime pas beaucoup la télé; je trouve ça un peu ennuyeux. Mon frère la regarde tout le temps! Moi, je préfère être actif. En été, j'aime faire du vélo. Dans ma famille, nous faisons tous du vélo – mes parents, mon petit frère et ma grande sœur. J'en fais presque tous les jours en été. Le week-end, parfois, je fais de longues randonnées avec mon père qui aime aussi être actif.

En plus, d'habitude en été, je joue au tennis et au volley avec mes copains.

Jouer à l'ordinateur? Non, je n'aime pas beaucoup ça, mais j'aime la musique. Le soir, j'aime jouer de la guitare en écoutant mes CD. J'adore ça!

Lire? Non, je ne lis pas souvent, mais j'aime les magazines de sport. J'en achète chaque semaine. J'aime lire toutes les nouvelles! *Antoine*

1a Trouvez dans le texte:

quatre exemples d'aimer + infinitif;
trois exemples d'aimer + nom.

> **Expo-langue**
> Use **j'aime/je n'aime pas/j'adore/je préfère** …
> + an infinitive: J'aime **faire** du ski.
> OR **j'aime** + noun: J'aime **le ski**.

1b Changez les expressions de l'exercice 1a. Si c'était aimer + infinitif, changez en j'aime + nom et vice versa.

J'aime faire du snowboard. → J'aime le snowboard.

2 Trouvez ces expressions dans le texte:

a every weekend _____

b nearly every day _____

c in summer _____

d usually _____

e often _____

f once a week _____

g in the evening _____

h in winter _____

i every week _____

j sometimes _____

3 Écrivez un paragraphe en utilisant les expressions de l'exercice 1 et de l'exercice 2.

Moi, j'adore la danse … mais j'aime aussi …
Tous les week-ends, je … En été, je …
D'habitude, je fais …

1 Moi, moi et encore moi! [pages 12–13]

1 Lisez le texte pendant 90 secondes. Notez deux choses essentielles.

_____

Salut! Je m'appelle Nathan et j'ai quinze ans. Je suis français. Je suis grand et j'ai les cheveux blonds et les yeux bleus.

Je suis né à Strasbourg, dans le nord-est de la France, mais j'habite à Paris. J'habite dans un appartement avec ma mère, ma sœur jumelle Camille et mon frère Benjamin qui a dix-sept ans.

Je partage ma chambre avec mon frère. <u>Je m'entends très bien avec lui</u>. On aime <u>le même genre de musique</u> et on joue ensemble sur notre Playstation.

Je ne m'entends pas très bien avec ma sœur. Elle n'aime pas la même musique que moi: <u>on n'a pas les mêmes goûts.</u> <u>Elle m'embête tout le temps</u> et on se dispute. Elle joue souvent de la flûte à bec et ça m'énerve!

Je m'entends bien avec mon père, mais il habite à Nantes. <u>Je le vois quelquefois le week-end</u> et pendant les vacances. <u>Quand je suis chez lui</u>, on fait du sport; on joue au tennis, au golf, ou on va au cinéma. C'est bien! Mais je n'aime pas beaucoup sa nouvelle femme; elle est un peu sévère!

J'ai un meilleur ami qui habite <u>tout près de chez moi à Paris</u>. Il s'appelle Vincent. On est inséparables! On fait du sport ensemble, on va au cinéma, on fait beaucoup de roller. <u>Parfois, le week-end</u>, on va à un concert de rock avec un groupe de copains. C'est cool! Ma musique préférée, c'est le heavy metal.

2 Expliquez en anglais les phrases soulignées.

_____
_____
_____
_____

> ⭐ You can't always translate each phrase word for word; make sure what you have written makes sense in English. If you don't know a word, try to make sense from the context and from the rest of the sentence. Use a dictionary as a last resort.

3 Complétez les phrases.

1 Nathan est de nationalité _____ et il a _____
2 Dans la famille de Nathan, il y a _____
3 À part son père, Nathan s'entend bien avec _____ parce que _____
4 Nathan ne s'entend pas très bien avec _____ parce que _____
5 Le week-end, il va parfois chez _____
6 Chez son père, il _____
_____
7 Vincent habite _____
8 Nathan et Vincent _____

> ⭐ Be careful. You may need to change the verb forms. Remember if you're talking about two people, the verb ends in –**ent** or sometimes –**ont**: il joue → ils jouent il va → ils vont

1 Moi

2 Mes parents (pages 14–15)

1 Complétez les mots croisés avec les bons métiers.

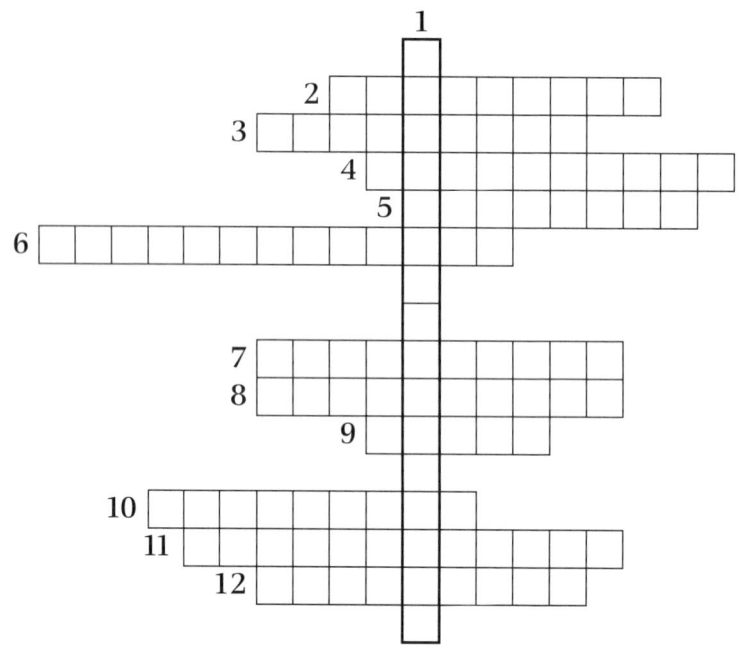

Quels métiers est-ce qu'on fait dans ma famille? Alors, ma mère travaille dans une clinique, elle est _____ (1 ↓). Ma sœur aime son travail. Elle est _____ (2 →); elle coupe les cheveux de ses clients. Mon père fabrique des moteurs; il est _____ (3 →). J'ai un oncle qui est _____ (4 →); il répare les voitures. Ma grand-mère habite avec nous; elle est _____ (5 →); elle travaille dans un restaurant et sert les clients. Mon deuxième oncle éteint les incendies; il est _____ (6 →). Ma sœur aînée est _____ (7 →); elle tape des e-mails et des lettres sur un ordinateur. Elle aime ça! J'admire ma tante Marie qui est _____ (8 →); elle travaille dans un hôpital. Mon troisième oncle est _____ (9 →) et il a construit notre maison. Mon grand-père prépare des repas dans un restaurant. Il est _____ (10 →). Ma tante Sandrine, qui habite tout près, est _____ (11 →); elle travaille dans une école primaire, et enfin mon frère fait les comptes dans un bureau. Il est _____ (12 →) Oui, j'ai une grande famille!

2 Imaginez que vous avez une grande famille. Écrivez un paragraphe sur le métier de chaque membre de la famille.

3 Mes copains et mes copines (pages 16–17)

Voici ma bande. On est six. Moi Laura, mes deux copines et mes trois copains. On va au même collège. On s'entend très bien; parfois on se dispute mais pas très souvent. Nous sommes très différents!

Élodie: Elle est de taille moyenne avec des yeux bleus. Elle est bavarde et elle est active tout le temps. Elle aime être le centre d'attention et ça peut être un peu énervant. Mais elle est très généreuse et je suis toujours heureuse quand je suis avec elle.

Julien: Julien est grand aux cheveux noirs et très courts. Il est très sportif. Il fait toute sorte de sports: il joue au foot, au rugby, au tennis et au golf. Les filles le trouvent adorable; quand on le voit, il y a toujours une bande de filles tout près! Au collège il n'est pas très bien organisé. Il oublie toujours ses affaires: ses cahiers, ses livres, ses affaires de sport.

Amandine: Elle est petite et elle a les yeux verts et les cheveux roux. Je dois dire qu'elle est un peu timide. Elle est très gentille et si on veut parler, elle est toujours prête à écouter. Au collège elle est travailleuse et intelligente et le soir, elle m'aide souvent à faire mes devoirs.

Nicolas: Nicolas est petit et très, très rigolo! Il est extraverti et bruyant. Il a toujours son portable à la main – il ne peut pas vivre sans portable. Au collège il est un peu paresseux et ce n'est pas un intello. Il déteste les cours de sport. Il a toujours une excuse pour ne pas participer.

Valentin: Valentin est de taille moyenne et il a les cheveux bruns et les yeux bleus. Il est extrêmement décontracté. Je le trouve très gentil et très rigolo. Il adore la musique; il joue de la batterie et chante dans un groupe. Mais il est toujours en retard. Il arrive toujours au dernier moment!

> le/la plus ... – the most ...
> le/la moins ... – the least ...

1 **Trouvez les adjectifs.**

   1 Notez dans votre cahier au moins douze adjectifs et notez aussi l'anglais.

   2 Soulignez les adjectifs qui ne changent pas du masculin au féminin.

2 **À votre avis qui est …**

   1 le/la plus extraverti(e)? _____
   2 le/la plus calme? _____
   3 le/la plus travailleur(se) au collège? _____
   4 le/la plus sportif(ve)? _____
   5 le/la moins organisé(e)? _____
   6 le/la plus musicien(ne)? _____
   7 la personne qui parle le plus? _____

3 **Expliquez en anglais.**

   1 Who from the text would you most like to be friends with and why?

   2 Who would you least like to be friends with and why?

4 Centre de loisirs (pages 18–19)

1 Casse-tête! Écrivez le texte dans le bon ordre.

Samedi dernier, je suis allé au centre de loisirs avec

un DVD avec ma famille. Le film était nul et moi, j'étais très fatigué!

allés à la piscine où nous avons nagé pendant deux heures. C'était

avons joué au volley. C'était bien, mais fatigant! Luc a joué au

sont partis, j'ai écouté de la musique et j'ai regardé

basket et au badminton parce qu'il n'aime

mes copains, Luc, Sarah et Vincent. Le matin, on a

pas le tennis. L'après-midi, vers deux heures, nous sommes

génial. Plus tard, nous sommes rentrés chez moi et on

a mangé une pizza et on a bavardé. Finalement, quand mes copains

fait beaucoup de sport. D'abord, j'ai joué au tennis puis nous

2 Utilisez les informations et écrivez un paragraphe au passé.

lundi
piscine, ski
taï chi, musique

mardi
foot/basket
danse, judo, théâtre

mercredi
de la plongée
parc/skate
cinéma/film

Expo-langue
The perfect tense has two parts: part of **avoir** (most verbs) or **être** + a past participle.
J'**ai fait** – I did
Je **suis allé(e)** – I went

Use time expressions to make your writing more interesting:
Mardi dernier – Last Tuesday
Le matin/L'après-midi/Le soir … – In the morning/afternoon/evening …
À dix heures – At 10 o'clock
Deux heures plus tard – Two hours later
D'abord … – First of all …
Puis/Ensuite … – Then …
Après ça … – After that …
Finalement … – Finally …

1 Moi

5 Les champions sportifs (pages 20–21)

1 Lisez et traduisez les phrases soulignées en anglais. Utilisez un dictionnaire si nécessaire.

2 Lisez et complétez le texte avec les mots de la case.

Gaël Clichy: footballeur

Né le 26 _____ 1985 à Toulouse, Gaël Clichy joue comme _____ pour Arsenal en Angleterre.

Il a commencé à jouer à l'âge de cinq ans à l'AS Hersoise, club où son _____ Claude était éducateur. Jusqu'à l'âge de _____ ans il a porté les couleurs de ce club toulousain.

Il a fait ses études _____ au collège Georges Brassens à Montastruc. Il a choisi de faire sport-études avec la ligue Midi-Pyrénées de Castelmaurou, et donc de 1999 à 2000 il a joué pour les équipes du CFP Castelmaurou.

En 2000, il a commencé à _____ pour Cannes et il a passé trois _____ dans ce club avant d'être sollicité en 2003 par de nombreux clubs français et _____.

C'est finalement Arsène Wenger et Arsenal qui ont réussi à signer Gaël Clichy. Il a _____ un contrat de cinq ans.

En 2005 il a arrêté de jouer pendant quelques mois à cause d'une blessure mais il a _____ à jouer en 2006 en demi-finale de la Ligue des _____ contre Villareal CF.

Le 31 janvier 2008, il a été sélectionné pour la première fois en équipe de France. Le 10 septembre 2008, il a été titularisé pour la _____ fois face à la Serbie pour le deuxième match comptant pour les qualifications de la Coupe du Monde 2010 en Afrique du Sud.

| Champions | père | juillet | onze | ans | secondaires | recommencé |
| jouer | défenseur | européens | signé | première |

3 Résumez le texte en 50 mots en anglais.

4 Écrivez un texte sur Patrice Evra. Adaptez le texte de l'exercice 1.

Patrice Evra

Date de naissance:	15 mai 1981, Dakar (Sénégal)
Carrière:	défenseur
Clubs:	Club actuel: Manchester United (depuis 2006); 2002–2006 Monaco; 2000–2002 Nice; 1998–2000 clubs italiens
1ère sélection en équipe de France:	le 18 août 2004 à Rennes (France 1–1 Bosnie-Herzégovine en match amical)

- Select at least six phrases from the text that you could use.
- Make sure you use the perfect tense when talking about his past.
- Try to use a couple of infinitive expressions (see underlined phrases), e.g. **Il a commencé à** + infinitive (He began …), **Il a réussi à** + infinitive (He succeeded …).

6 Ma passion (pages 22–23)

Je me présente. Je suis Danièle et j'ai seize ans. J'ai une vraie passion pour la musique. Mes genres de musique préférés sont le rock et le Nu Metal. Les groupes que je préfère sont *Korn*, *Limp Bizkit* et *Arctic Monkeys*.

Je suis dans un groupe avec trois copains et on se réunit deux ou trois fois par semaine dans le garage de mon père pour jouer ensemble! Le groupe s'appelle *Zéro*. Moi, je suis la chanteuse et je joue aussi de la guitare électrique. J'ai commencé à chanter quand j'avais deux ans. J'ai chanté avant de parler! Jusqu'à l'âge de douze ans, je jouais avec la guitare de mon frère aîné et finalement mes parents m'en ont acheté une pour mon anniversaire. Les autres membres du groupe sont: Alexis, qui joue de la guitare basse; Kévin, qui joue de la batterie; et Thomas, qui chante et joue du clavier. On s'entend bien la plupart du temps, mais quelquefois, on se dispute.

Moi, j'ai déjà écrit plusieurs chansons (parfois avec la collaboration d'Alexis). On a de la chance parce que Thomas a un enregistreur numérique et le week-end prochain, on va enregistrer deux de mes chansons et on va faire un CD démo. Si nous sommes satisfaits, on va l'envoyer à des maisons de disques. On nous dit que le groupe a beaucoup de talent, donc j'espère qu'on va avoir du succès! Je pense qu'on va être célèbres un jour. Ça me rendra très heureuse car la musique, c'est ma vie!

Expo-langue
To talk about the near future (*futur proche*), you can use part of **aller** + infinitive:
je **vais** jouer – I'm going to play

1 Trouvez cinq verbes au futur proche et soulignez-les dans le texte.

2 Répondez aux questions en français.

   1 Danièle a quel âge?
   2 Elle aime quels genres de musique?
   3 Elle chante depuis combien de temps?
   4 Quels instruments y a-t-il dans le groupe?
   5 Ils chantent les chansons de qui?
   6 Qu'est-ce qu'ils vont faire le week-end prochain?
   7 Quel est le rêve de Danièle?

> Use the language in the questions to formulate your answer. Don't just copy from the text. For example, you may have to change the verb form or may have to change 'my' to 'her'.

1 Moi

Grammaire

1 **Complétez les blancs avec les mots des cases.**

Je me présente. Je _____ Thomas et j'_____ seize ans. J'_____ à Lyon en France. Mes deux frères _____ Luc et Valentin. Nous _____ un chat qui _____ Sophie. Je _____ assez grand et j' _____ les yeux bleus.

Samedi dernier, je _____ à la piscine avec mon frère. Après, nous _____ un coca et nous _____ une pizza. Ensuite, on _____ au basket, puis on _____ au parc et on _____ au foot.
Le soir, nous _____ dans un restaurant avec nos parents. Mon père _____ du vin et ma mère _____ un steak-frites.

Demain, je _____ au tennis avec mon copain, Vincent. Puis on _____ chez lui et on _____ de la musique. L'après-midi, je _____ en ville avec ma sœur. Elle _____ un nouveau jean. Nous _____ vers quatre heures. Le soir, je _____ un film au cinéma.

| suis   s'appellent   s'appelle |
| ai   habite   avons   ai |
| m'appelle |

| a mangé   a joué   avons bu |
| sommes allés   suis allé   a joué |
| a bu   avons mangé   est allés |

| vais voir   vais jouer   vais aller |
| va acheter   va écouter |
| va aller   allons rentrer |

Expo-langue
You have met three tenses in Module 1.
The present tense: talking about what you <u>do now or usually</u>
Je **joue** – I play
The perfect tense: part of **avoir** or **être** + past participle; what you <u>have done</u> or <u>did in the past</u>
J'**ai joué** – I played   Je **suis allé(e)** – I went
The near future tense: part of **aller** + an infinitive; what you <u>are going to do</u> in the near future
Je **vais jouer** – I'm going to play

2 **Écrivez trois petits paragraphes dans votre cahier.**

1 J'adore le sport. Je …

2 Samedi dernier, je suis allé(e) …

3 Le week-end prochain, je vais …

Make sure you use the right tense. Look back to previous pages in this book for suitable verbs and expressions you could use.

1 Moi

Mots

Moi / *Me*

Je me présente …	*Let me introduce myself …*
Je m'appelle …	*I'm called …*
J'ai quinze ans.	*I'm fifteen years old.*
Mon anniversaire est le 10 mai.	*My birthday is 10th May.*
J'ai une sœur qui s'appelle …	*I have a sister, who's called …*
Mes frères s'appellent …	*My brothers are called …*
J'habite à Bruxelles.	*I live in Brussels.*
Je suis …	*I'm …*
anglais(e)	*English*
français(e)	*French*
suisse	*Swiss*
petit(e)/grand(e)	*small/tall*
de taille moyenne	*of average height*
blond(e)/brun(e)	*fair/dark*
J'ai …	*I have …*
les yeux bleus/marron/verts	*blue/brown/green eyes*
les cheveux blonds/bruns/noirs/roux	*blond/brown/black/red hair*
J'ai un chien.	*I have a dog.*
Nous n'avons pas d'animal.	*We don't have a pet.*

Les choses que j'aime faire / *The things I like doing*

Qu'est-ce que tu aimes faire?	*What do you like doing?*
Ma passion, c'est …	*What I really like is …*
J'aime …	*I like …*
faire du vélo/ski/camping/kayak/canoë	*going cycling/skiing/camping/kayaking/canoeing*
jouer au football/basket/tennis/volley/handball	*playing football/basketball/tennis/volleyball/handball*
jouer à l'ordinateur	*playing on the computer*
jouer aux cartes/aux échecs	*playing cards/chess*
jouer du piano/violon	*playing the piano/violin*
jouer de la guitare/batterie	*playing the guitar/drums*
Je n'aime pas le foot.	*I don't like football.*
Je n'aime pas faire de sport.	*I don't like doing sport.*

Quand est-ce que tu en fais? / *When do you do it?*

J'en fais …	*I do it …*
une/deux fois par semaine	*once/twice a week*
souvent	*often*
d'habitude	*usually*
en été/hiver	*in summer/winter*

Ma famille / *My family*

un frère cadet/aîné	*a younger/older brother*
une sœur cadette/aînée	*a younger/older sister*
un demi-frère	*a half-brother*
une demi-sœur	*a half-sister*
un beau-père	*a stepfather*
une belle-mère	*a stepmother*
séparé(e)	*separated*
divorcé(e)	*divorced*
célibataire	*single*
remarié(e)	*remarried*
On s'entend bien.	*We get on well.*
Elle m'embête/m'énerve.	*She annoys me.*
Je dois m'occuper d'elle.	*I have to look after her.*
Il se moque toujours de moi.	*He's always making fun of me.*
On s'amuse bien.	*We have fun.*
Je m'ennuie.	*I get bored.*
Il ne s'ennuie jamais.	*He never gets bored.*

Les métiers / *Jobs*

Il/Elle est …	*He/She is a(n) …*
coiffeur/euse	*hairdresser*
comptable	*accountant*
cuisinier/ère	*cook*
infirmier/ère	*nurse*
informaticien(ne)	*computer operator*
ingénieur	*engineer*
instituteur/trice	*primary teacher*
kinésithérapeute	*physiotherapist*
maçon	*builder*
mécanicien(ne)	*mechanic*
menuisier	*carpenter*
nourrice	*child minder*
plombier	*plumber*
sapeur-pompier	*fireman*
vendeur/euse	*salesperson*
Il/Elle travaille …	*He/She works …*
dans un bureau	*in an office*
dans un hôpital	*in a hospital*
dans une école primaire	*in a primary school*
dans une garderie	*in a nursery*
sur un chantier	*on a building site*

Mots

1 Moi

Mes parents / *My parents*

Je m'entends bien avec eux.	*I get on well with them.*
Je ne m'entends pas bien avec lui.	*I don't get on well with him.*
Je ressemble plutôt à ma mère qu'à mon père.	*I look more like my mother than my father.*
Mes parents sont séparés.	*My parents are separated.*

Mes copains / *My friends*

Mon (petit) copain est …	*My (boy)friend is …*	gentil(le)	*kind*
Ma (petite) copine est …	*My (girl)friend is …*	insupportable	*dreadful*
bavard(e)	*chatty*	nerveux/euse	*nervous*
branché(e)	*switched on, trendy*	organisé(e)	*organised*
bruyant(e)	*noisy*	paresseux/euse	*lazy*
décontracté(e)	*laid-back/relaxed*	rigolo(te)	*funny*
drôle	*funny*	sympa	*nice*
égoïste	*selfish*	travailleur/euse	*hardworking*

Le temps libre / *Free time*

Lundi, je suis allé(e) …	*On Monday, I went …*	de l'escrime (f)	*fencing*
au centre de loisirs	*to the leisure centre*	des arts (m) martiaux	*martial arts*
J'ai fait …	*I did …*	J'ai nagé.	*I swam.*
du théâtre	*drama*	J'ai bavardé avec mes copains.	*I chatted with my friends.*
de la natation	*swimming*	J'ai lu des BD.	*I read comic books.*
de la danse	*dancing*	J'ai écouté de la musique.	*I listened to music.*
de la plongée	*scuba diving*	Nous avons mangé une pizza.	*We ate a pizza.*
de l'entraînement (m)	*training*		

C'était comment? / *How was it?*

C'était super/fantastique/cool/génial!	*It was great/fantastic/cool/great!*	C'était nul.	*It was rubbish.*
Bof./C'était pas mal.	*It was OK.*	Ce n'est pas mon truc.	*It's not my thing.*

Le sport / *Sport*

Il a commencé à jouer à l'âge de …	*He started playing at the age of …*
gagner un titre	*to win a title*
devenir champion du monde (junior)	*to become (junior) world champion*
être classé(e) au premier rang	*to be ranked highly*
un des meilleurs joueurs du monde	*one of the best players in the world*
une demi-finale/un tournoi	*a semi-final/a tournament*
le numéro un mondial	*the world number one*
Il a dû arrêter de jouer.	*He had to stop playing.*
Il a réussi à gagner.	*He managed to win.*

Quelle est votre passion? / *What do you really like?*

Je me passionne pour le sport.	*I really like sport.*
Ma passion, c'est le foot.	*I really like football.*
Je joue au foot depuis cinq ans.	*I've been playing football for five years.*
J'en fais depuis deux ans.	*I've been doing it for two years.*
Je l'ai choisi parce que …	*I chose it because …*
J'en fais parce que …	*I do it because …*
c'est bon pour la santé	*it's good for your health*
j'aime la camaraderie	*I like the camaraderie*
j'ai gagné	*I won*
je suis devenu(e) accro	*I became addicted (a fan)*
je me suis inscrit(e) au club	*I joined the club*
L'année prochaine, …	*Next year, …*
je vais participer aux compétitions	*I'm going to take part in competitions*
je vais être dans la première équipe	*I'm going to be in the first team*

Déjà vu: Qu'est-ce qu'on fait?

2 Mon temps libre
(pages 30–31)

1 **Casse-tête!** Classez les films en quatre groupes, en utilisant un diagramme de Venn. Justifiez votre choix en anglais.

Dessin animé — Fantaisie

Chicken Little — les Frères Grimm

The reasons for my groupings were …
_____
_____
_____
_____

LA LÉGENDE DE ZORRO

Chicago

Star Wars Épisode III

H2G2 Le guide du voyageur galactique

Madagascar

Wallace et Gromit, le mystère du lapin-garou

Charlie et la chocolaterie

Harry Potter et la coupe de feu

Le monde de Narnia

2 Lisez les critiques de films écrites par des adolescents. C'est quel film de l'exercice 1 à votre avis?

1 C'est une histoire plus complexe que la plupart des films hollywoodiens. Pas d'histoire d'amour … pas d'action. Mais un bon divertissement, c'est sûr avec de la musique de cabaret!

2 Franchement … Ce film est trop bien !!!!!! J'adore les Oompas-loompas !!!!! et puis Johnny est … F-A-N-T-A-S-T-I-Q-U-E !!!

3 C'est trop cool! J'adore Anni (Anakin). Il est trop beau, trop fort et trop marrant. Je suis fan d'Hayden. Je l'aime trop.

4 J'ai adooooooooré!!! Les gags sont magnifiques et j'aime beaucoup la chanson «I like to move it» du chef lémurien!! J'aime bien les animaux.

5 Ce film raconte l'histoire d'un lion magnifique et d'une Sorcière Blanche. J'ai vu le film, mais je n'ai pas lu les livres … Franchement, le film est GÉNIAL. Je te conseille d'aller le voir au cinéma. C'est trop cool.

6 Ce film était super cool! Mais attention aux petits frères et sœurs, il est interdit aux enfants de moins de 12 ans, certaines scènes étant très violentes. L'histoire devient de plus en plus obscure et terrifiante. J'ai aimé les trois premiers films et celui-ci aussi était génial.

3 Choisissez deux critiques et expliquez-les en anglais.

Number 2 thinks this film is really good. He loves the …

2 Mon temps libre

1 Ça te dit? (pages 32–33)

L'EXPO STAR WARS
Cité des sciences et de l'industrie
À partir de 5 ans
Du 20 octobre 2009 au 29 août 2010
Cité des sciences et de l'industrie
30, avenue Corentin-Cariou
75019 Paris
Du mardi au samedi de 10h à 18h
Le dimanche de 10h à 19h
Plein tarif: 9 Euros
Tarif réduit: 7.50 Euros
Gratuit pour les moins de 7 ans
Réservation conseillée: 0892 60 70 80

Deftones
Concert de musique rock / metal
Groupe californien
Au Zénith
Parc de la Villette
211 Av Jean-Jaurès 75010 Paris
Du 16 novembre jusqu'au 18 novembre
Prix d'entrée: 25 Euros

Casse-Noisette
(Ballet classique)
Du 05/09/2009 au 02/01/2010
Théâtre Comedia
04, bd de Strasbourg
75010 PARIS
Réservations et plus de renseignements:
01 42 67 02 34
Tarif: 28 / 23 / 18 Euros

1 Choisissez un spectacle pour ces personnes:

1. *Alors, ma passion, c'est la danse. J'adore aussi le théâtre.*
2. *Mon frère joue de la batterie dans un groupe. Il aime toute sorte de musique moderne.*
3. *Mon copain est plutôt scientifique. Il aime aller au cinéma.*
4. *Mes passe-temps préférés sont le théâtre et la musique.*
5. *C'est l'automne et je veux aller au théâtre.*
6. *Je cherche une exposition qui n'est pas trop chère pour mes enfants qui ont 5 ans et 6 ans.*
7. *Ma musique préférée, c'est la musique américaine.*
8. *C'est Noël. Je voudrais aller au théâtre avec ma grand-mère.*

2 Répondez aux questions.

1. On joue Casse-Noisette au théâtre pendant combien de mois?
2. On peut visiter l'expo Star Wars le dimanche à vingt heures?
3. Le groupe de rock donne combien de concerts?
4. L'expo Star Wars, c'est combien pour une famille (deux adultes et deux enfants de cinq ans et six ans)?
5. Comment est-ce que tu sais que l'expo Star Wars est très populaire?

3 Écrivez un e-mail. Invitez un copain à un des événements de l'exercice 1.

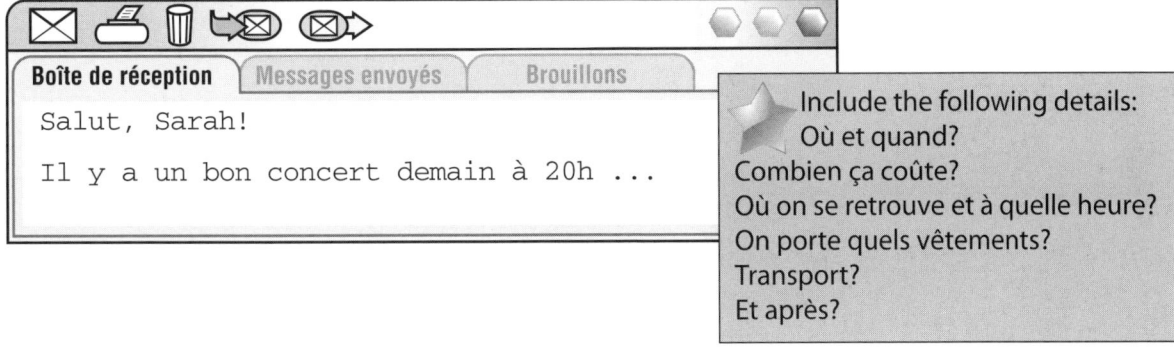

Boîte de réception | Messages envoyés | Brouillons

Salut, Sarah!
Il y a un bon concert demain à 20h ...

Include the following details:
Où et quand?
Combien ça coûte?
Où on se retrouve et à quelle heure?
On porte quels vêtements?
Transport?
Et après?

2 Désolé, je ne peux pas (pages 34–35)

2 Mon temps libre

1 **Complétez ces excuses ridicules.**

1 Je ne peux pas sortir _____ je dois garder ma _____ souris.

2 Désolé! Je _____ ranger la cage de mon _____.

3 D'accord, mais je dois _____ avant 21 _____ pour promener mon crocodile.

4 Mes parents disent que je dois _____ à la _____ pour laver le chat!

5 Je ne peux pas parce que _____ dois sortir _____ mon éléphant.

6 Excuse-moi, mais je dois _____ le tigre de mes _____.

7 Désolée, je dois _____ le _____ de ma tortue.

8 Je voudrais bien, mais je ne _____ pas. Je dois _____ un gâteau aux rats pour mon serpent.

| mes | jouer | promener | chambre | peux | vélo | avec | rester | hamster |
| laver | petite | rentrer | dois | je | heures | faire | parce que | voisins | maison |

2 **Votre copine vous a invité(e) à un concert de heavy metal. Changez au moins dix détails de cet e-mail pour écrire une excuse.**

Salut, Nabila!
Merci pour l'invitation au concert, mais mes parents disent que je ne peux pas sortir parce que je dois rester à la maison samedi soir pour garder ma petite sœur. Je voudrais bien y aller parce que j'aime bien ce groupe. Je ne m'entends pas très bien avec mes parents en ce moment, surtout avec mon père. Il m'énerve – il est beaucoup trop sévère. Hier, je n'ai pas fait mes devoirs et il n'était pas du tout content! Mais ils vont sortir samedi soir, donc je n'ai pas le choix. Désolée.
Amandine

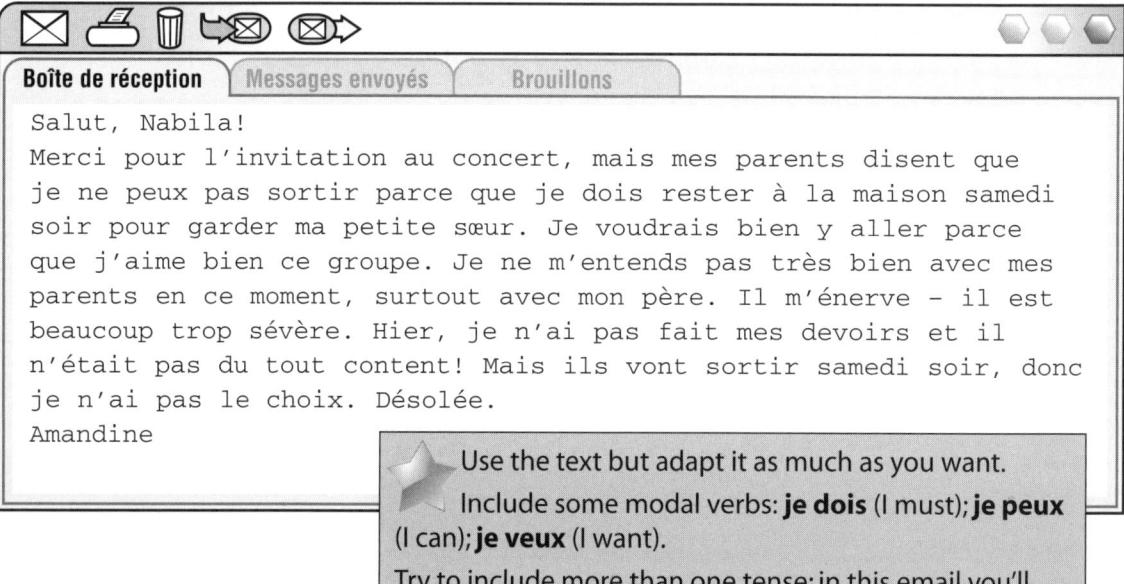

Use the text but adapt it as much as you want.

Include some modal verbs: **je dois** (I must); **je peux** (I can); **je veux** (I want).

Try to include more than one tense; in this email you'll see the present, the perfect and the immediate future.

2 Mon temps libre

3 Ce n'était pas mal (pages 36–37)

1 Casse-tête! Mettez le texte de Danielle Désordre dans le bon ordre.

| Samedi matin, je suis restée à la maison. J'ai écouté de la musique … |
| arrivée et nous sommes allées en ville ensemble. Nous avons |
| à la maison vers 22 heures trente. C'était une journée pleine d'action! |
| venue chez moi où nous avons mangé une pizza et de la salade. Puis à vingt |
| est allés ensemble au cinéma voir une comédie, *Chicken Little*. C'était |
| pris le train; c'est rapide et ce n'est pas cher. Nous avons fait |
| sur mon iPod. J'ai reçu mon iPod |
| reçu comme cadeau d'anniversaire et Marine a acheté |
| chouette: très amusant et original. Je suis rentrée |
| des boucles d'oreilles et un magazine. Elle est |
| heures, deux autres copains sont arrivés et on |
| les magasins; j'ai acheté un nouveau jean avec l'argent que j'ai |
| pour mon anniversaire. C'est super cool! Puis l'après-midi, ma copine Marine est |

2 Vrai (V), faux (F) ou pas mentionné (PM)?

1 Marine a vu sa mère en ville.
2 Samedi matin, Danielle est allée en ville.
3 Les deux filles ont mangé une pizza et de la salade au déjeuner.
4 Le soir, les cinq copains sont allés au cinéma.
5 Ils ont vu un film comique.
6 Le film était un peu long.
7 Danielle est rentrée avant dix heures.
8 C'était une journée ennuyeuse.

3 Adaptez le texte de l'exercice 1. Décrivez une journée pleine d'action.

> Try to use both the perfect and imperfect tenses.
> Use as many adjectives as you can with **C'était …** and **Ce n'était pas …**

2 Mon temps libre

4 Il s'agit de quoi? (pages 38–39)

1 Lisez les textes pendant 1 minute et prenez des notes en anglais (40 mots maximum).

A

Connais-tu «Les chroniques de Narnia» de C. S. Lewis? Ce sont des contes <u>fascinants</u> qui nous transportent au cœur du monde magique de Narnia.

Si tu n'as pas encore eu le plaisir de plonger dans cet univers imaginaire, fonce au cinéma dès le 21 décembre pour découvrir «Le monde de Narnia».

Inspiré du deuxième tome des Chroniques, ce film raconte la lutte entre le bien et le mal. Le bien, c'est Aslan, le lion magnifique. Le mal, c'est Jadis, la <u>Sorcière</u> Blanche qui a <u>jeté une malédiction</u> sur Narnia.

Le mauvais sort est <u>le suivant</u>: le monde magique est plongé dans l'hiver sombre et froid depuis un siècle. Heureusement, Narnia va être sauvé grâce à quatre enfants qui vont aider Aslan à faire face à la Sorcière Blanche.

Ces quatre enfants, ce sont Lucy, Peter, Edmund et Susan Pevensie. Frères et sœurs, ils sont <u>réfugiés</u> chez un vieux professeur à Londres pendant les bombardements de la <u>Seconde Guerre mondiale</u>. C'est la plus petite, Lucy, qui va découvrir une armoire magique lors d'<u>une partie de cache-cache</u>. À travers cette armoire, ils vont rentrer dans le monde de Narnia et <u>faire la connaissance de</u> <u>nombreuses</u> créatures <u>incroyables</u>: des animaux parlants, des nains, des fauves, des centaures et aussi des géants.

Au total, on a noté 23 espèces de créatures différentes, c'est plus que dans la plupart des films de science-fiction! Après avoir traversé l'armoire magique, la famille Pevensie va rencontrer le lion Aslan qui les guidera dans le froid pour libérer ensemble Narnia de sa malédiction. Merveilleux, spectaculaire et <u>fascinant</u>, ce film donne l'impression de rêver debout et l'envie de ne jamais se réveiller!

À voir en famille pendant les vacances pour un <u>émerveillement</u> garanti!

B

La semaine dernière, c'était mon anniversaire. J'ai eu quinze ans. Je suis allée au cinéma avec ma famille, mes frères Antoine et Alexandre et ma sœur Charlotte. On est allés voir *Le monde de Narnia*. Voici nos critiques:

Alexandre: Ce film était génial. Il y avait de très beaux décors et les acteurs jouaient très bien, surtout la petite Lucie. On a tous adoré ce film (d'ailleurs nous étions tous heureux en sortant du cinéma!). Il est vraiment trop bien. Je vais me mettre à lire les livres pour comparer.

Charlotte: Le film que j'ai vu au cinéma était trop bien. Je suis plus attirée par le film que par le livre. J'espère que d'autres «chapitres» vont suivre! Vraiment bravo au réalisateur, au producteur et aux acteurs.

Antoine: C'était un film vraiment magnifique. Les décors et les effets spéciaux étaient bien faits et les acteurs ont très bien joué. La musique était magnifique. PS: juste un peu décevant par rapport au livre ...

Moi, Sophie: Je l'ai trouvé grandiose. Les animaux sont très bien faits et le doublage de leur voix aussi!!! Le film est un peu moins bien que le livre, c'est vrai, mais certains films repris de livres sont complètement ratés, alors que celui-ci est plutôt bien fait!

2 Mon temps libre

> Don't panic if you read a text and don't understand everything. You can often work out the meaning of specific words without looking them up using the following strategies:
>
> Some words are the same or similar to English words (cognates and near cognates) for example, **fascinant**.
>
> Some words are part of the same family. You may recognise parts of a word and be able to work out what it means: **parlant** – you already know **parler** (to speak).
>
> Certain endings sometimes relate to word endings in English, for example words that end in –**ant** in French often end in -*ing* in English.

2 Mettez les phrases dans l'ordre du texte.

The Pevensie family are going to meet the lion.

Narnia is going to be saved by the four children.

This film tells of the battle between good and evil.

Lucy discovers a magic wardrobe.

Aslan frees Narnia from the curse.

You see 23 different types of creatures.

Jadis, the White Witch, puts a curse on Narnia.

The four children are evacuated during the bombings of the Second World War.

The magical world is plunged into a bitter winter for a century.

The children get to know numerous incredible creatures.

3 Relisez la section A et regardez les phrases de l'exercice 2. Utilisez des stratégies pour trouver l'anglais.

French word	Clue/How I worked it out	Meaning

fascinant
jeté une malédiction   think of the French word **mal**
sorcière
faire la connaissance de   verb – **connaître**
incroyable   verb – **croire**
suivant   verb **suivre** – ending –**ant**
réfugiés
émerveillement   think of **merveilleux**
nombreuses
une partie de cache-cache   think of **cacher**
la Seconde Guerre mondiale   think of **monde**

3 Lisez les critiques et répondez aux questions:

1 Qui a trouvé que le livre était mieux que le film?

2 Qui n'a pas lu le livre?

3 Qui a préféré le film (par rapport au livre)?

4 Qui a mentionné qu'ils étaient tous contents après le film?

5 Qui mentionne trois personnes qui aident à faire un film?

5 Toujours le sport! (pages 40–41)

2 Mon temps libre

1 Lisez le texte et répondez aux questions en anglais.

Moi, j'adore vraiment le tennis. J'étais si content récemment de voir Andy Murray jouer contre Rafael Nadal en demi-finale de l'US Open.

J'étais en vacances aux États-Unis parce que mes cousins habitent là-bas, et mes parents m'ont acheté des billets pour l'US Open pour mon anniversaire.

On est partis très tôt le matin et on est arrivés au stade de tennis vers onze heures. Avant le match on a mangé une pizza; c'était très cher!

L'ambiance était fantastique et il y avait beaucoup de monde parce que c'est un tournoi du Grand Chelem. Pour Murray, c'était sa première demi-finale d'un tournoi du Grand Chelem, et en plus il jouait contre le meilleur joueur du monde de la saison.

Andy Murray était déterminé et dominateur dans l'échange. Son service était varié et puissant (17 aces!). Murray a joué ses retours en avançant (il attendait la première balle très loin) et Nadal ne pouvait pas répondre. Finalement, il a dominé Nadal et a gagné en quatre sets (6-2, 7-6, 4-6, 6-4). C'était vraiment super de voir ce match! Je voudrais tellement voir un autre match l'année prochaine!

Lucas

1 Name the tournament and the stage of the tournament that Lucas saw. _____

2 Why was he in the country mentioned? _____

3 How had he got tickets? _____

4 Why was it a special match for Murray? (2 points) _____

5 Mention two things about his serve. _____

6 How did Murray return the serve of his opponent? _____

7 Who won? _____

8 What was Lucas's opinion? _____

2 Soulignez les sept verbes au passé composé.

3 Écrivez un paragraphe sur un match que vous avez vu. Utilisez des expressions du texte.

- Select some phrases from the text that you can adapt.
- Make sure you use the perfect tense; most verbs take **avoir** but some take **être**.
- Include opinions using **C'était** + adjective.

6 La technologie est partout! *(pages 42–43)*

2 Mon temps libre

1. Comment ces personnes utilisent-elles l'Internet? Mettez les mots de leur réponse dans le bon ordre.

   J'utilise l'Internet …

   1. regarder marrantes vidéos pour des
   2. aller pour sur les de copains mes blogs
   3. ligne jouer à jeux en des pour
   4. faire ligne achats des pour en
   5. pour et participer à forums tchater des
   6. surfer intéressants et trouver des pour sites
   7. la télécharger de musique pour
   8. mes envoyer des pour à copains e-mails

2. Et vous, comment utilisez-vous l'Internet? Classez les phrases 1–8 selon vos habitudes: 1 = vous adorez … 8 = vous aimez moins.

   > Remember, you use **pour** + infinitive to say 'in order to'.

3. Lisez le texte puis répondez aux questions en anglais.

   > Moi, j'utilise l'Internet tous les jours. En semaine après l'école, je tchate un peu avec mes copains et puis souvent je l'utilise aussi pour faire mes devoirs. C'est très utile pour faire des recherches. On y trouve toujours beaucoup d'informations. Quelquefois, je télécharge de la musique parce que j'ai un iPod. C'est moins cher que d'acheter un CD. Je n'envoie jamais d'e-mail à mes copains parce que je préfère tchater. De temps en temps, je fais des achats en ligne, par exemple, j'achète des livres et des DVD parce que c'est bon marché. Le week-end parfois, mes copains viennent chez moi et on regarde des vidéos marrantes sur l'Internet et on joue à des jeux en ligne. Mais moi, ce que je préfère c'est jouer à la Wii.
   >
   > **Nadia**

   What does Nadia do …

   1. every day? _____
   2. a little? _____
   3. often? _____
   4. sometimes? _____
   5. never? _____
   6. from time to time? _____
   7. sometimes at the weekend? (3 things) _____

Grammaire

1 Remplacez le nom par un pronom.

Expo-langue
A direct object pronoun replaces a noun which is the object of a sentence. It goes before the verb.
Au théâtre? J'**y** vais souvent.
Les comédies? Je **les** regarde tout le temps.
L'autobus? Je **le** prends rarement.

	masculine	feminine
it	le/l'	la/l'
them	les	les
there	y	

1 Je vais souvent au cinéma.
  J'y vais souvent.

2 Je regarde souvent la télé le soir.
  _____

3 Toutes les semaines, je lave mon chien.
  _____

4 Je vais rarement au centre sportif. _____

5 Je regarde les westerns en DVD. _____

6 Je trouve les séries super! _____

2 Répondez aux questions avec un pronom.

1 Comment tu trouves les films de guerre? Je les trouve super.

2 Tu regardes les jeux télévisés? _____

3 Tu fais souvent les magasins? _____

4 Tu vas au théâtre de temps en temps? _____

5 Tu vas souvent chez le dentiste? _____

6 Tu regardes souvent les dessins animés? _____

3 Complétez le texte avec la bonne forme du verbe.

Je _____ (vouloir) bien aller au cinéma, mais je ne _____ (pouvoir) pas parce que mes parents _____ (vouloir) sortir.

Tu _____ (vouloir) aller au centre sportif samedi ou est-ce que tu _____ (devoir) garder ta petite sœur? Samedi, normalement, mon frère et moi, nous _____ (devoir) promener les chiens, puis mon frère _____ (devoir) laver la voiture.

Alors, si tu _____ (pouvoir) venir samedi, je vais demander à Claire et Mathilde si elles _____ (vouloir) venir aussi. Je pense que Claire _____ (pouvoir) venir, mais Mathilde, ce n'est pas sûr. On _____ (devoir) être au centre sportif avant 11 heures.

Sébastien

Mots

2 Mon temps libre

Qu'est-ce qu'on fait? — *What shall we do?*
Tu veux …?	*Do you want to …?*
aller au cinéma?	*go to the cinema?*
regarder la télé?	*watch television?*
Qu'est-ce qu'on passe?	*What's on?*
Il y a *Madagascar*.	*Madagascar is on.*

Les films — *Films*
C'est …	*It's …*
une comédie	*a comedy*
un dessin animé	*a cartoon*
un film d'action	*an action film*
un film d'arts martiaux	*a martial-arts film*
un film de guerre	*a war film*
un film d'horreur	*a horror film*
un film de science-fiction	*a science-fiction film*
un film policier	*a police/detective film*
une histoire d'amour	*a love story*
un western	*a western*
J'adore les dessins animés.	*I love cartoons.*
Mon frère préfère les westerns.	*My brother prefers westerns.*

Les émissions — *Programmes*
un documentaire	*a documentary*
une émission de science-fiction	*a science-fiction programme*
une émission de sport	*a sports programme*
une émission de télé-réalité	*a reality TV programme*
une émission musicale	*a music programme*
un jeu télévisé	*a game show*
une série	*a series*
une série médicale/policière	*a medical/police series*

Les réactions — *Reactions*
Bonne idée!	*Good idea!*
Bof./Ça m'est égal.	*Don't mind.*
Ça dépend.	*It depends.*
Ça ne me dit rien.	*I'm not very keen.*
Chouette!	*Great!*
D'accord.	*OK.*
Je n'ai pas (tellement) envie.	*I don't (really) want to.*
Je veux bien.	*I'd like to.*
Pas ça!	*Not that!*
Tu plaisantes!	*You're joking!*
Je les trouve ennuyeux/euses.	*I find them boring.*

La fréquence — *Frequency*
Je le/la regarde de temps en temps.	*I watch it from time to time.*
d'habitude	*usually*
J'y vais …	*I go there …*
rarement	*rarely*
pas/assez souvent	*not/quite often*
tout le temps	*all the time*
tous les jours/samedis	*every day/Saturday*
tous les soirs/week-ends	*every evening/weekend*
toutes les semaines	*every week*
une/deux fois par mois	*once/twice a month*

Les divertissements — *Entertainment*
Il y a une séance à …	*There's a showing (of a film) at …*
L'entrée, c'est combien?	*How much is the entrance fee?*
Ça coûte combien?	*How much is it?*
un concert	*a concert*
une pièce (de théâtre)	*a play (at the theatre)*
un spectacle (de danse)	*a (dance) show*
un billet	*a ticket*
avec la carte d'étudiant	*with a student card*
complet	*full (no seats left)*
tarif réduit	*reduced price/rate*
C'est gratuit.	*It's free (of charge).*
Ça commence à … ?	*When does it start?*
On se retrouve où/à quelle heure?	*Where/When shall we meet?*
chez moi/toi	*at my/your home*
chez lui/elle	*at his/her home*
À bientôt/demain/samedi!	*See you soon/tomorrow/Saturday!*

Les excuses — *Excuses*
Désolé(e)./Excuse(z)-moi.	*I'm sorry.*
Je ne peux pas parce que …	*I can't because …*
C'est trop cher pour moi.	*It's too expensive for me.*
Ma mère/Mon père dit que je dois …	*My mother/father says that I have to …*
Mes parents disent que je dois …	*My parents say that I have to …*
faire mes devoirs	*do my homework*
garder mon petit frère	*look after my little brother*
laver la voiture (de ma mère)	*wash (my mother's) car*

Mots

2 Mon temps libre

promener le chien (des voisins)	walk the (neighbours') dog	sortir avec mes parents	go out with my parents
ranger ma chambre	tidy my bedroom	On doit aller voir ma grand-mère.	We have to go and see my grandmother.
rentrer avant 22 heures	come home before 10 p.m.	Mes parents doivent sortir.	My parents have to go out.
rester à la maison	stay at home		

Le week-end dernier / Last weekend

Qu'est-ce que tu as fait?	What did you do?	lu des BD	read some comic books
J'ai/On a …	I/We …	regardé un film en DVD	watched a film on DVD
acheté des CD	bought some CDs	vu *Madagascar*.	saw *Madagascar*.
écouté de la musique	listened to music	Je suis/On est …	I/We …
fait les magasins	went shopping	allé(e)(s) au cinéma	went to the cinema
fini le livre	finished the book	rentré(e)(s)	came/went back
mangé une pizza	ate a pizza	resté(e)(s) à la maison	stayed at home

Les opinions / Opinions

Il y avait …	There was/were …	émouvant	moving
Il n'y avait pas …	There wasn't/weren't …	ennuyeux	boring
C'était/Ce n'était pas …	It was/It wasn't …	extra	great/fantastic
assez	quite	formidable/génial	great
tout à fait	completely	intéressant	interesting
très	very	lent	slow
trop	too	long	long
un peu	a bit	marrant	funny
affreux	terrible	nul	rubbish
amusant	amusing/fun	pas mal	not bad
agréable	nice/pleasant	passionnant	exciting
barbant	boring/dull	(peu) original	(un)original
bien	good	plein d'action	full of action
bien joué	well played/acted	sympa	nice
drôle	funny		

Il s'agit de quoi? / What's it about?

C'est l'histoire de …	It's the story of …	À mon avis, la meilleure partie du film/livre, c'est …	In my opinion, the best part of the film/book is …
L'histoire se déroule …	The story takes place …		
Le film est plein d'action.	The film is action-packed.	l'acteur/l'actrice	the actor/actress
		l'ambiance (f)	the atmosphere

Les événements sportifs / Sporting events

le but	goal	le/la joueur/euse	player
le/la champion(ne)	champion	le/la supporter/trice (de)	supporter (of)
le championnat	championship	le vainqueur	winner
le concours	contest/competition	contre	against
la Coupe du Monde	the World Cup	à la mi-temps	at half-time
le/la coureur/euse	cyclist (in a race)	Il/Elle a terminé en (deuxième) place.	He/She finished in (second) place.
la course	race		
l'équipe (f)	team	Il/Elle a marqué (un but).	He/She scored (a goal).
l'essai (m)	try (rugby)	On a gagné/perdu.	We won/lost.

La technologie / Technology

faire des achats	to shop (online)	les micro-ondes (f)	microwaves/radiation
surfer (sur Internet)	to surf (the Net)	le portable	mobile (phone)
tchater	to chat (online)	le SMS	text message
télécharger	to download	le téléchargement illégal	illegal downloading
l'e-mail (m)	email	sur le Net	online

3 Là où j'habite

Déjà vu: C'est où? [pages 50–51]

1 Complétez le texte avec les mots de la case.

J'aime bien _____ à Perpignan! Il y a tant de choses à _____ ici. Le samedi, je _____ souvent _____ centre commercial avec mes _____, puis après on _____ au cinéma ou au café ou quelquefois au _____ pour voir un match de foot.
Le dimanche, c'est souvent une journée _____ pour moi. Mon frère et moi _____ allons _____ piscine ou au centre _____ ou même à la _____ où on _____ jouer au beach-volley. Le dimanche, ma mère va à _____ où elle chante dans la chorale. Quelquefois, elle doit aller _____ hôpital où elle travaille comme _____. On ne va pas dans les _____ le dimanche; ils sont fermés.
Pour les _____, c'est super; le week-end on peut aller _____ patinoire, au _____ ou _____ au parc.
On _____ aller dans les skates-parcs et il ne faut pas oublier la _____ et les _____ nautiques!

sportive	faire
bowling	jeunes
sports	infirmière
peut	à la
magasins	l'église
plage	au va
stade	même
mer	habiter
vais	sportif
copains	à l' à la
nous	peut

> To complete the gaps, look carefully at the rest of the sentence and think what sort of word is needed.
> Is it a noun/a preposition/an adjective/a verb/a pronoun?
> Sometimes it's the context which will help you decide.
> If it's a preposition, remember how to say 'to the …'
>
> | masculine | feminine | vowel | plural |
> |---|---|---|---|
> | au | à la | à l' | aux |
>
> You may need to check the gender of a word in the glossary/dictionary.

2 La ville de Nulleville est nulle pour les jeunes. Écrivez une description.

_____
_____
_____
_____

> You may need to use some negative expressions:
> On **ne** peut **pas** aller au/à la/à l'/aux …
> Il **n'**y a **pas** de (piscine, bowling).

3 Là où j'habite

1 Tout près d'ici [pages 52–53]

1 Dessinez les trois trajets en couleur sur le plan. Vous arrivez où?

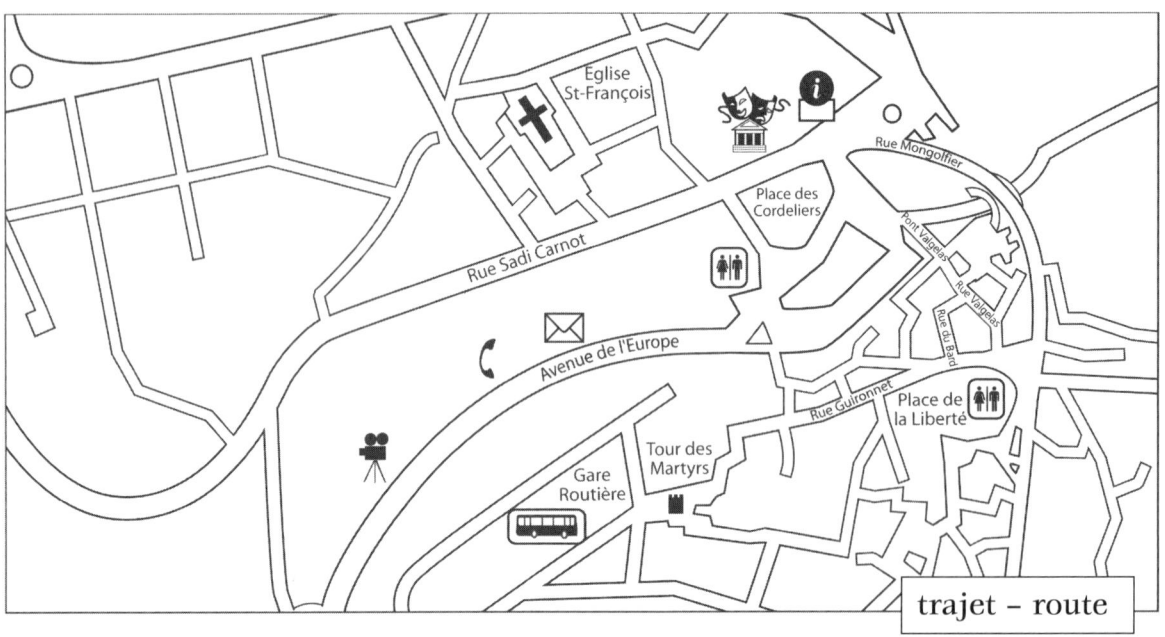

trajet – route

(trajet en rouge)
1 Vous êtes à la gare routière. Sortez et tournez à gauche vers la Tour des Martyrs. Traversez la place et descendez la Rue Guironnet. Prenez la quatrième rue à gauche (c'est la Rue du Bard). Allez jusqu'au bout et tournez à gauche dans la Rue Valgelas. Traversez le Pont Valgelas. Allez tout droit et vous le voyez en face de vous! C'est _____

(trajet en bleu)
2 De l'office de tourisme, tourne à droite dans la Rue Sadi Carnot. Tu passes devant la Place des Cordeliers à gauche. Prends la première rue à gauche après la place. Après les toilettes, tourne à droite. Continue tout droit (Avenue de l'Europe) et après 200m, c'est là, à droite. C'est

_____

(trajet en noir)
3 Sortez du théâtre et tournez à gauche. À l'office de tourisme, qui est à côté du théâtre, tournez à droite au rond-point. Allez tout droit; c'est la Rue Montgolfier. Traversez le pont et continuez tout droit après le pont. Tournez à droite après la Place de la Liberté. Vous les trouvez là, sur la place! C'est _____

2 Écrivez les directions.

1 Commencez au théâtre; arrivez au cinéma Nacelles (utilisez 'vous').

2 Commencez à la Place de la Liberté; arrivez à l'église St-François (utilisez 'tu').

3 Là où j'habite

2 J'habite en ville [pages 54–55]

1 **Casse-tête!** Mettez les mots mélangées dans le bon ordre pour compléter les phrases 1–10.

> les déchets – rubbish
> la place – room, space

> Think how best to do this activity:
> - you may want to unjumble the ends of the sentences first
> - check that you understand the beginnings of the sentences and try to predict what might follow
> - look for key words.

Les inconvénients et les avantages:

1 Quand il pleut, la rivière monte et _____
2 Il y a des déchets dans la rue après _____
3 Il y a trop de bruit à _____
4 J'habite une vieille maison; les _____
5 En hiver on a froid parce qu' _____
6 Les pièces sont assez petites et je _____
7 Il y a beaucoup d'espaces verts où _____
8 L'appartement est au huitième étage et souvent, _____
9 Les voisins sont bruyants; ils _____
10 On est près des commerces; _____

| fort musique mettent trop de la | peuvent les jouer enfants | minutes magasins cinq sont les à | aussi vieux sanitaires sont |

| pas devoirs n'ai place faire pour de mes | il chauffage n'y a central pas de | poids lourds des cause |

| tombe panne en l'ascenseur | maison entre l'eau la dans | marché du le samedi |

2 **Imaginez.** Vous habitez en ville dans un appartement au dixième étage. Écrivez un paragraphe sur les avantages et les inconvénients.

J'habite un appartement …

C'est joli parce que …

Le problème, c'est que …

> Remember to give your opinion. Try to give at least six opinions including the following:
> **C'est épouvantable**
> **C'est carrément dégoûtant**
> **C'est vraiment irrespirable**
> **C'est tout à fait affreux**

3 Là où j'habite

3 Aujourd'hui et autrefois [pages 56–57]

1 Lisez et complétez le texte avec les mots de la case.

Maria, 13 ans

J'habite en Indonésie. Avant le tsunami, _____ pas loin de la plage. Mon frère et moi, nous _____ dans une école à cinq minutes de la plage. Je _____ aller au collège à pied et je pouvais rentrer chez moi à midi. Tous les soirs, mes copains et moi, nous _____ près de la plage. C'_____ génial.

Mon père est commerçant et il _____ une boutique près de la mer.

J'_____ sur la plage quand le tsunami est arrivé. J'ai couru, mais ma maison _____ déjà en ruines.

Après le tsunami, tout a changé.

Maintenant, nous _____ chez mon oncle, dans une petite maison. Moi, je _____ dans un nouveau collège qui n'est pas si près de la mer. C'est difficile parce que je _____ loin de mes copains et ils me _____. Si je veux retrouver mes copains, je _____ prendre le bus ou quelquefois, mon père _____ en voiture. On ne _____ plus près de la plage. On se retrouve en ville.

était	habitons
nous retrouvions	allais
allions	travaillait	vais
m'emmène	suis	avait
pouvais	parle	manquent
étais	je n'habitais	dois
se retrouve	était	jouais

Expo-langue
Remember, you use the imperfect tense to say what 'used' to happen or for descriptions of how things were in the past.

To form the imperfect tense, take **–ons** off the **nous** form of the present tense and add the following endings:

–ais, –ais, –ait, –ions, –iez, –aient

2 Casse-tête! Corrigez les erreurs dans les phrases.

1 Avant le tsunami, Maria habitais loin de la plage.
2 Maria et son frère allait dans une école à cinq minutes de la ville.
3 Elle peuvait rentrer chez elle le soir.
4 Maria retrouvait sa copains chez elle tous les soirs.
5 Son père allait une boutique pas loin des montagnes.
6 Maintenant, ils habite dans la maison de sa grand-mère.
7 Son oncle a un grande maison.
8 Pour voir sa famille, elle doit prend le bus.

Be careful; there is one factual error <u>and</u> one grammatical error in each sentence – you need to check very carefully.

3 Là où j'habite

4 Des villes jumelées [pages 58–59]

1 Complétez le texte avec les superlatifs.

> **Expo-langue**
> To say something is the 'most' you use the superlative.
> Use **le/la plus** + adjective.
> Don't forget to make the adjective agree!

La France: des faits

Savez-vous que ….?

La population de la France est de 62,9 millions d'habitants.
La ville _____ (peuplé), c'est Paris (9,92 millions d'habitants)!
La ville _____ (grand) du sud, c'est Marseille. Marseille a aussi _____ (grand) port de France.
La ville _____ (visité) de France, c'est Paris.
La France est le pays _____ (visité) du monde (plus de soixante-dix millions de touristes par an).
La France est divisée en régions. Il y a 22 régions françaises.
La région qui a _____ (grand) superficie, c'est la région Midi-Pyrénées avec 45 348 km².
La région avec la population _____ (élevé), c'est l'Île-de-France avec 11,29 millions d'habitants.
Chaque région est divisée en départements. Il y a 96 départements français.
Il y a en plus quatre départements d'outre-mer (les DOM): la Martinique, la Guadeloupe, la Réunion et la Guyane. La Réunion, c'est le département d'outre-mer _____ (peuplé) avec 600 000 habitants.
L'endroit _____ (populaire) pour les vacances parmi les Français, c'est la France! Neuf Français sur dix passent leurs vacances en France.

2 Complétez le quiz.

How much do you know about France?

1 How many people live in France? _____
2 Where is the biggest port in France? _____
3 How many tourists visit France each year? _____
4 Where do most French people spend their holidays? _____
5 How many regions does France have? _____
6 What is the region with the largest population? _____
7 What do the French call the smaller areas within the larger regions and how many are there? _____
8 How many overseas areas does France have? Find out where in the world they are. _____

3 Là où j'habite

5 Ma ville [pages 60–61]

1 Lisez rapidement le texte et prenez des notes en anglais (40 mots maximum).

> Salut! Je m'appelle Robert Legris, j'ai dix-sept ans. Je vais vous parler de ma ville. J'habite à Montréal. C'est la plus grande ville du Québec (et du Canada) avec 3 millions d'habitants. Le Québec, c'est une province francophone du Canada. Sur six millions et demi d'habitants, cinq millions et demi parlent français.
>
> Montréal est la deuxième ville francophone après Paris. Le Vieux-Montréal attire beaucoup de touristes. Il y a beaucoup d'ambiance dans les rues piétonnes et beaucoup de restaurants et de cafés-terrasses où on peut s'asseoir un peu et prendre un verre.
>
> On peut aussi visiter le Grand Stade Olympique. C'est le stade où joue l'équipe de base-ball de Montréal: *les Expos*. On peut aussi voir des spectacles et des concerts au stade.
>
> Si tu aimes le shopping, on peut en faire à Montréal! Il y a une ville souterraine avec beaucoup de centres commerciaux, et une grande variété de magasins, de restaurants et de cafés.
>
> Moi, j'aime sortir avec mes copains le week-end. Nous allons souvent au centre commercial et je dépense tout mon argent! On pourrait aussi faire du patinage à glace, du ski, du toboggan ou même du hockey. Il y a aussi le magnifique parc d'attractions, la Ronde.
>
> J'adore ma ville; c'est vraiment un paradis pour les jeunes, mais quelquefois, quand on veut un moment de calme, ce n'est pas facile. C'est une ville bruyante avec tout le temps trop de circulation! Je pense qu'on pourrait agrandir la zone piétonne.

2 Trouvez la phrase du texte qui veut dire:

 Use the language of the questions to help you answer them.

1 boire du vin ou une autre boisson _____
2 une ville où il y a beaucoup de bruit _____
3 les rues où il n'y a pas de circulation _____
4 un endroit qui est très bien pour les adolescents _____
5 des endroits où on trouve beaucoup de grands magasins _____
6 beaucoup de magasins différents _____
7 de la tranquillité _____
8 une région où on parle français _____

3 Répondez en français.

améliorer – to improve

1 De quoi est-ce que Robert parle?
2 Quelle langue est-ce que la plupart des gens parlent au Québec?
3 Qu'est-ce que les touristes peuvent visiter?
4 Quels matchs sportifs est-ce qu'on peut voir et où?
5 Où est-ce qu'on peut aller si on aime faire les magasins?
6 Qu'est-ce que les jeunes peuvent faire à Montréal?
7 Notez un avantage et un inconvénient de la ville.
8 Comment est-ce qu'on pourrait améliorer la vie dans cette ville?

Grammaire

3 Là où j'habite

1   Ajoutez les douze adjectifs de la case au texte.

J'habite un appartement au deuxième étage d'un immeuble en ville. Nous avons une entrée, une cuisine, un salon, trois chambres, une salle de bains, une douche et des toilettes.
Mes parents ont une chambre et les deux autres chambres sont à moi et à ma sœur. Dans ma chambre, j'ai un lit, une chaise, une étagère, une armoire, une table, un ordinateur et un placard.

Expo-langue
Remember, most adjectives in French come after the noun. However, some common adjectives come in front of the noun, including: **beau, vieux, nouveau, grand, petit**. Make sure you make the adjective agree with the thing it's describing.

grand	petit	confortable	joli
beau	vieux	moderne	nouveau
haut	démodé	pratique	long

Expo-langue
To compare two things, use the structure:
plus + adjective + **que** (more … than) OR
moins + adjective + **que** (less … than).
Remember, the adjective needs to agree.

2   Écrivez huit phrases pour comparer les deux chambres.

Alex

1   Sa chaise est plus moderne que la chaise de Vincent.
2   Son lit _____
3   _____
4   _____
5   _____

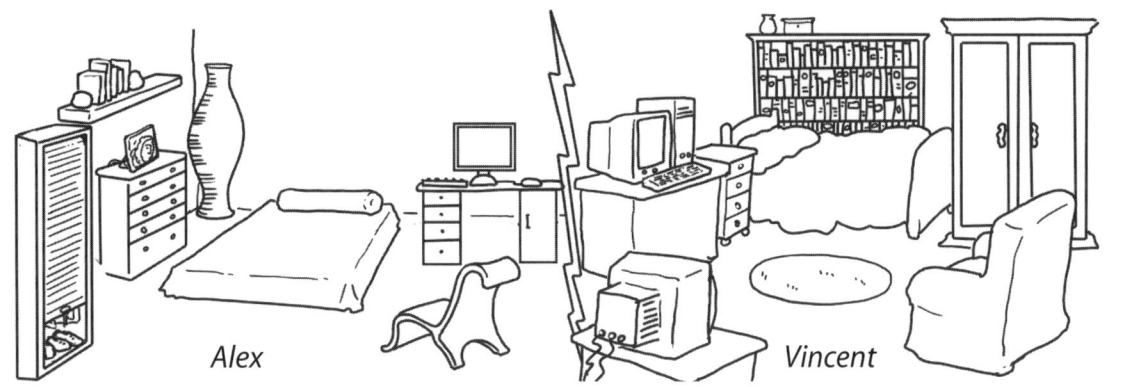

Alex   Vincent

Vincent

1   Son étagère _____
2   _____
3   _____
4   _____

Mots

Où est/sont … ? — *Where is/are … ?*

le centre commercial	*shopping centre*	la piscine	*swimming pool*
le collège	*(secondary) school*	la poste	*post office*
le stade	*sports stadium*	l'église (f)	*church*
la bibliothèque	*library*	les magasins (m)	*shops*
la gare (SNCF/routière)	*(train/bus) station*	Tu tournes/Vous tournez …	*You turn …*
la patinoire	*ice-skating rink*	à gauche/à droite	*left/right*

Les directions — *Directions*

Où est/se trouve … ?	*Where is … ?*	C'est sur ta/votre gauche/droite.	*It's on your left/right.*
Où sont/se trouvent … ?	*Where are … ?*	C'est loin d'ici?	*Is it far from here?*
le commissariat de police	*police station*	C'est à quelle distance?	*How far away is it?*
le syndicat d'initiative	*tourist information office*	C'est à cinq minutes/200m.	*It's five minutes/200m away.*
l'arrêt d'autobus (m)	*bus stop*	C'est tout près d'ici.	*It's very near here.*
l'hôtel de ville (m)	*town hall*	C'est assez loin.	*It's quite far.*
la librairie	*bookshop*	après	*after*
Pour aller au/à la/à l'/aux … ?	*How do you get to … ?*	dans	*in*
Est-ce qu'il y a un(e) … près d'ici?	*Is there a … near here?*	derrière	*behind*
		devant	*in front of*
Tourne/Tournez aux feux rouges.	*Turn at the traffic lights.*	entre	*between*
		sous	*under(neath)*
Va/Allez tout droit.	*Go straight on.*	sur	*on*
Prends/Prenez …	*Take …*	jusqu'à	*until, as far as*
la première/deuxième rue (à gauche/droite)	*the first/second road (on the left/right)*	à côté de	*next to*
		au bout de	*at the end of*
Traverse/Traversez le pont.	*Cross the bridge.*	au coin (de)	*on the corner (of)*
Continue/Continuez jusqu'au carrefour.	*Continue to the crossroads.*	au fond (de)	*at the bottom, at the back (of)*

Ma maison — *My house*

J'habite …	*I live in …*	en banlieue	*in the suburbs*
un appartement	*a flat*	à la campagne	*in the country*
un immeuble	*a block of flats*	en montagne	*in the mountains*
une HLM	*council flat/house*	au bord de la mer	*at the seaside*
une maison individuelle	*a detached house*	dans un lotissement	*on an estate*
une maison jumelle	*a semi-detached house*	J'y habite depuis deux ans.	*I've lived there for two years.*
une maison en rangée	*a terraced house*	J'y habite depuis toujours.	*I've always lived there.*
en ville	*in town*	le quartier	*the area*
dans un village	*in a village*		

Où j'habite — *Where I live*

beau/bel/belle	*nice/beautiful*	moderne	*modern*
nouveau/nouvel/nouvelle	*new*	neuf/neuve	*new*
vieux/vieil/vieille	*old*	pittoresque	*picturesque*
ancien(ne)	*old*	récent(e)	*new*
joli(e)	*pretty/attractive*	traditionnel(le)	*traditional*

Les avantages et les inconvénients — *The advantages and disadvantages*

Chez nous, le problème, c'est …	*Where we live, the problem is …*
Il y a trop de …	*There is too much/There are too many …*
C'est à cause du/de la/des …	*It's because of the …*
la circulation	*traffic*
la pollution	*pollution*
les gaz (m) d'échappement	*exhaust fumes*

Mots

3 Là où j'habite

le véhicule	vehicle
le poids lourd	lorry
le périphérique	ringroad
la place de stationnement	parking place
la station-service	service station
le transport en commun	public transport
La pollution est devenue épouvantable.	The pollution has become appalling.
Le pire, ce sont les poids lourds.	The worst thing is the lorries.
C'est tout le temps bruyant.	It's noisy all the time.
Il y a de plus en plus souvent des inondations.	There are floods more and more often.
On a construit une nouvelle autoroute tout près de chez nous.	They have built a new motorway very near us.

Aujourd'hui et autrefois — *Now and formerly*

Quand j'étais petit(e), …	When I was little …
J'habitais …	I used to live …
C'était pratique.	It was practical.
La maison était près de l'école/loin des commerces.	The house was near school/far away from the shops.
Je faisais du judo.	I used to do judo.
Je préfère habiter …	I prefer living …
L'ambiance me manque.	I miss the atmosphere.
Mes copains me manquent.	I miss my friends.

C'est comment? — *What's it like?*

être jumelé(e) avec	to be twinned with
une île tropicale	a tropical island
une ville touristique	a tourist town
une station de ski	a ski resort
une grande ville industrielle	a big industrial town
montagneux/montagneuse	mountainous
volcanique	volcanic
un ancien volcan	an extinct volcano
un volcan en activité	an active volcano
La ville est située …	The town is situated …
au pied de	at the foot of
La vallée offre …	The valley offers …
Dans la ville …	In the town, …
il ne manque pas de	there is no shortage/lack of
La vie est chère.	The cost of living is high.
le/la plus grand(e)	the biggest
le/la plus vieux/vieil(le)	the oldest
le/la plus haut(e)	the tallest
le/la plus long(ue)	the longest
le/la meilleur(e)	the best

Ma ville — *My town*

Il y a …	There's …
un centre commercial	a shopping centre
un château	a castle
un musée	a museum
une cathédrale	a cathedral
des commerces (m)	shops
un espace vert	a green space/park
l'aéroport (m)	airport
Ma ville préférée, c'est …	My favourite town is …
C'est une ville historique.	It's a historic town.
Elle se situe …	It's (located) …
en Écosse	in Scotland
dans le sud de l'Angleterre	in the south of England
Les touristes peuvent visiter des monuments/des sites.	Tourists can visit the monuments/sites.
On peut aussi faire du shopping/du sport.	You can also go shopping/do sport.
On pourrait aussi aller au parc (d'attractions).	You could also go to the (theme) park.

Les solutions — *Solutions*

le parc relais	park and ride scheme
le parking souterrain	underground parking
la zone piétonne	pedestrian precinct
le couloir réservé au bus	bus lane
la route périphérique	ringroad
On pourrait construire …	We/They could construct …
On est en train d'ouvrir …	We/They're just opening …

Déjà vu: On fait les magasins! (pages 68–69)

4 Allons-y!

1 **Casse-tête!**
Trouvez dans le texte les mots qui manquent pour faire les mots croisés.

Expo-langue
Include the word for 'some' in the crossword too.

masculine	feminine	vowel	plural
du	de la	de l'	des

⭐ The catch is that there are no numbers so you have to work out from the vertical letters what fits where!

Ce soir, mes copains vont dîner chez moi. Je vais préparer le dîner!

Comme hors-d'œuvre, je vais faire une salade niçoise, donc j'ai acheté ,  , des olives, , du thon et bien sûr  .

Après ça, on va manger une pizza et pour ça, j'ai acheté ,   et encore  . J'adore les pizzas!

Pour le dessert, j'ai choisi un cocktail aux fruits avec  , , 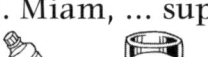, 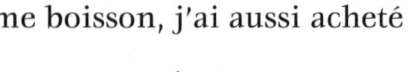 et  . Miam, ... super!

Comme boisson, j'ai aussi acheté et . J'espère que mes copains vont aimer mon repas!

4 Allons-y!

1 On ira au festival de rock! (pages 70–71)

1 Complétez l'e-mail de Sophie avec les verbes de la case.

Sarah,

Je suis trop contente! Ma mère a dit que oui, je peux aller au concert le week-end prochain! Super cool! On _____ le train pour aller au concert. Je _____ avec mes cinq copains et on _____ dans une tente après le concert. Demain matin j'_____ les billets sur Internet et ma copine Audrey _____ les courses. Ce soir je _____ l'horaire des trains sur Internet. Il faut partir samedi matin à huit heures pour être sûrs de ne pas être en retard. On _____ vers midi. On _____ des vêtements chauds parce que je pense qu'il _____ froid mais ce _____ génial, j'en suis certaine!

À bientôt,
Sophie

| fera | partirai | arrivera | portera | achèterai | sera | dormira |
| prendra | regarderai | fera |

2 Relisez l'e-mail et choisissez les quatre phrases qui sont vraies.

1 They will take clothes for cold weather.
2 They will leave quite early on Saturday morning.
3 They will sleep in a tent the night before.
4 They will get a bus and then a train.
5 Sophie will look at the train timetable this evening.
6 Audrey will look at the travel details.
7 She thinks it will be cold.
8 She has already bought tickets.

3 Utilisez l'e-mail comme modèle et décrivez un événement (un concert, un festival, une fête, etc).

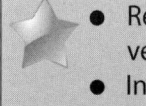
- Remember to use the verbs in the future.
- Include time phrases and conjunctions, e.g. **D'abord …**, **parce que …**, **pour** + infinitive, **mais**.

2 Bon voyage! (pages 72-73)

1 Lisez le texte.

Astuce du mois
Réservez plus tôt et payez moins cher!
Le tarif Prem's vous permet de bénéficier de petits prix sur vos voyages en train, en réservant à l'avance.
Vous pouvez réserver jusqu'à 3 mois à l'avance: plus vous réservez tôt, moins vous payez cher!
Prem's est maintenant disponible sur plus de 1 000 trajets, en France et même à l'étranger (Venise, Rome, Genève …).

Conditions de vente
Le billet Prem's est non échangeable et non remboursable. Il s'achète directement avec un paiement en ligne.
Vous pourrez le recevoir gratuitement par courrier ou l'imprimer vous-même*.
*Le Billet Imprimé® n'est pas disponible sur certaines destinations: seul l'envoi par courrier est alors proposé sur la page de confirmation.

1 Où souhaitez-vous partir?

VILLE DE DÉPART: _____   VILLE D'ARRIVÉE: _____

2 Quand souhaitez-vous partir?

Aujourd'hui mardi 17 janvier, vous pouvez acheter un billet pour voyager à partir du 24 janvier.

◯ Aller-retour ☐   ↷ Aller simple ☐
Date de départ _____ (JJ/MM/AAAA)   Date de retour _____ (JJ/MM/AAAA)
à partir de _____   à partir de _____

Je souhaite partir à cette/ces date(s) précise(s). ☐
Je souhaite partir au meilleur prix, je suis flexible sur les dates. ☐

3 Combien de passagers et quel confort souhaitez-vous?

Nombre de passagers: adultes et enfants de + de 4 ans ☐
2e classe avec réservation ☐
1e classe avec réservation ☐

> ★ You can work out some words by their similarity to English words. Others you may be able to work out from the rest of the sentence. Only check in a dictionary if neither of the above work.

2 Qu'est-ce que c'est en anglais?

bénéficier _____   en ligne _____
petits prix _____   gratuitement _____
disponible _____   imprimer _____
trajets _____   souhaitez-vous _____
échangeable _____   au meilleur prix _____
remboursable _____

3 Répondez aux questions en anglais.

1 What is the 'tarif Prem's'?
2 How can you get the cheapest fare?
3 Is it just available for travel in France?
4 Once bought, can you change your mind?
5 How do you buy the tickets?
6 What are the various options for getting hold of your ticket?

3 Ça me va? (pages 74–75)

1 Casse-tête! Écrivez les mots de ces phrases dans le bon ordre.

1. acheter un en laine trop voudrais je manteau pas serré

2. faut nouvel ordinateur quel c'est il me un à étage? (2 phrases)

3. une ceinture trop cuir acheter j'aimerais en mais pas large

4. une Roxy je casquette marque je préférerais nouvelle voudrais comme (2 phrases)

5. blouson pas acheter j'aimerais un noir cher trop

6. m'a mère une parfum petite ma demandé bouteille de d'acheter

7. mari acheter veut gants des cuir mon en

8. nouveau bain d'été j'ai de maillot besoin d'un mes vacances pour

> Using a variety of structures: instead of just using **je voudrais** to say you would like something, you can use any of the following, so aim to show off in your speaking test!
> **Il me faut …**
> **J'aimerais voir …**
> **J'aimerais acheter …**
> **Ma mère m'a demandé d'acheter …**
> **J'ai besoin de …**
> **Comme marque je préférerais …**

2 Vous êtes Daniel Difficile! Complétez la conversation. Vous voulez acheter un blouson.

Bonjour, monsieur. Je peux vous aider?
_____

Bien sûr, monsieur. Voilà, il y a celui-ci en rouge ou en bleu.
_____

Nous avons aussi celui-ci en noir, si vous préférez.
_____

Lequel, monsieur?
_____

Bien sûr. Les cabines d'essayage sont là-bas.
_____

Vous le prenez?
_____

> Look at what the shop assistant is saying next; it must make sense. Try to use different structures in your answers and questions including pronouns: **celui/celle**, etc. Don't say the shortest thing possible.

4 Allons-y!

4 C'est la fête! [pages 76–77]

1 Reliez le français et l'anglais. (Utilisez un dictionnaire si nécessaire).

1	mega party		a	tu te pomponnes
2	you hesitate		b	un peu gêné(e)
3	you doll yourself up		c	un peu au hasard
4	you warm up		d	en restant scotché(e)
5	a bit at random		e	une méga teuf
6	you chat		f	tu te tâtes
7	you drag him / her off		g	tu t'échauffes
8	staying glued to		h	tu l'entraînes
9	a little embarrassed		i	tu papotes

2 Faites le test. Lisez les résultats et écrivez un résumé de vos résultats en anglais.

> This is an authentic text, with lots of slang expressions in it! If you don't understand every word, make a guess. Does the word look similar to an English word or another word in French? You can also make a guess from the context. As a last resort, look in the dictionary.

As-tu le sens de la fête?

1 Samedi prochain, on t'invite à une méga teuf …
 ◉ tu te tâtes pour y aller
 △ et alors, samedi c'est loin
 ☆ tu réfléchis à ce que tu mettras

2 La fête de Paul, c'est dans une heure.
 △ juste le temps de terminer ton magazine
 ☆ tu te pomponnes
 ◉ tu t'échauffes devant ton miroir

3 Tu es DJ pour la soirée. Tu choisis …
 ☆ des compils très dansantes
 ◉ les CD de ton groupe préféré
 △ un peu au hasard

4 Quelqu'un t'invite à danser …
 ☆ tu l'entraînes et c'est partiiii!
 △ tu rougis en restant scotché[e] au buffet
 ◉ tu acceptes un peu gêné[e] à cause de ton tee-shirt trop nul

5 La première chose que tu fais en arrivant …
 ☆ tu papotes avec tout le monde
 △ tu observes les gens
 ◉ tu passes tes CD

6 Quelqu'un te prête toute son attention …
 △ ça te pétrifie
 ◉ ça t'énerve
 ☆ ça te flatte

Résultats

Tu as une majorité de △
10% discret (discrète) Crier à tue-tête pour couvrir la musique, c'est pas ton truc! Tu peux vite t'ennuyer dans les fêtes survitaminées en décibels. Tu es plutôt soirées pizza entre amis. Bref, tu préfères la douceur des soirs d'été. Ne change rien, mais ne juge pas trop vite ceux qui s'amusent autrement.

Tu as une majorité de ◉
100% convivial(e) Trop cool, cette soirée déguisée! Pour toi, la fête, c'est rire, manger et danser avec tes potes. Tu adores concocter des teufs avec TA musique, TES blagues et les toasts préparés par tout le monde. Tu adores les surprises et rencontrer des gens nouveaux.

Tu as une majorité de ☆
100% décibels Boum, boum boum! Avec toi, ça pulse, ça déménage! Tu adores danser et, dans les fêtes, on t'attend pour mettre l'ambiance. Ton énergie est communicative. Les lendemains sont parfois moins drôles. Ménage tes petites oreilles …

5 À la mode (pages 78–79)

1 Trouvez et soulignez les expressions suivantes dans le quiz.

1. you find what you want
2. where you potter about
3. to be sure of really understanding
4. the hard drive of your computer
5. your taste
6. will do wonders
7. advising customers
8. shop layout

2 Faites le quiz pour découvrir si vous trouverez un métier dans la mode.

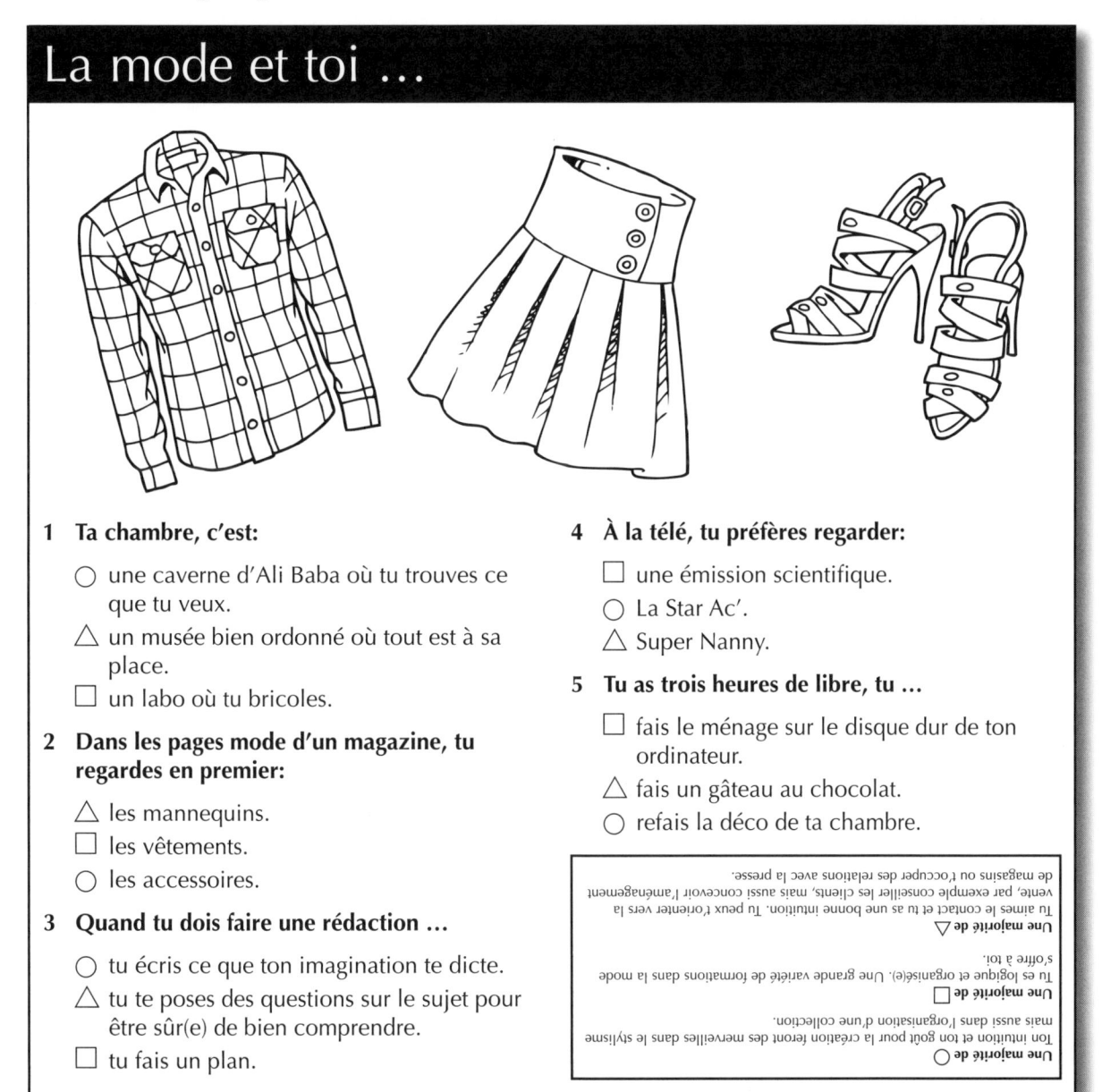

La mode et toi …

1 Ta chambre, c'est:
- ○ une caverne d'Ali Baba où tu trouves ce que tu veux.
- △ un musée bien ordonné où tout est à sa place.
- □ un labo où tu bricoles.

2 Dans les pages mode d'un magazine, tu regardes en premier:
- △ les mannequins.
- □ les vêtements.
- ○ les accessoires.

3 Quand tu dois faire une rédaction …
- ○ tu écris ce que ton imagination te dicte.
- △ tu te poses des questions sur le sujet pour être sûr(e) de bien comprendre.
- □ tu fais un plan.

4 À la télé, tu préfères regarder:
- □ une émission scientifique.
- ○ La Star Ac'.
- △ Super Nanny.

5 Tu as trois heures de libre, tu …
- □ fais le ménage sur le disque dur de ton ordinateur.
- △ fais un gâteau au chocolat.
- ○ refais la déco de ta chambre.

Une majorité de ○
Ton intuition et ton goût pour la création feront des merveilles dans le stylisme mais aussi dans l'organisation d'une collection.

Une majorité de □
Tu es logique et organisé(e). Une grande variété de formations dans la mode s'offre à toi.

Une majorité de △
Tu aimes le contact et tu as une bonne intuition. Tu peux t'orienter vers la vente, par exemple conseiller les clients, mais aussi concevoir l'aménagement de magasins ou t'occuper des relations avec la presse.

3 Lisez votre profil. Traduisez-le en anglais.

Grammaire

4 Allons-y!

1 Complétez les phrases avec *il faut* ...
(4 avec des noms et 4 avec des verbes).

1. Pour faire un sandwich, il faut _____
2. Pour faire un gâteau, il faut _____
3. Pour faire du ski, _____
4. Pour écouter de la musique, _____
5. Pour aller en France, _____
6. Pour faire un cocktail de fruits, _____
7. Pour avoir assez de vitamine C, _____
8. Pour jouer au tennis, _____

> **Expo-langue**
> Use **il faut** to say that something is needed or must be done. It can be used with a noun or an infinitive of another verb.
>
> Think carefully what is needed to complete the sentences in exercise 1; sometimes either a noun or a verb can be used.
>
> **Il faut envoyer ...**
>
> **Il faut un timbre ...**

2 Complétez les dialogues avec les mots de la grille.

	singular		plural	
	masc.	fem.	masc.	fem.
this/those	ce (cet)	cette	ces	ces
which one(s)?	lequel?	laquelle?	lesquels?	lesquelles?
this/that these/those one(s)	celui-ci/-là	celle-ci/-là	ceux-ci/-là	celles-ci/-là
it/them	le (l')	la (l')	les	les

1.
   - Avez-vous _____ gants en rouge?
   - Non, mais nous avons _____ en rouge et _____ en bleu.
   - J'aime bien _____ en rouge.
   - _____, monsieur?
   - _____. Je peux _____ essayer? ... Oui, je _____ prends.

2.
   - J'ai besoin d'une ceinture.
   - Alors, regardez, nous avons _____ en cuir ou _____ en métal.
   - Mmm ... je préfère _____. J'aime bien _____ ceinture aussi.
   - _____?
   - _____. Oui, je _____ prends.

lesquels
les
celle-là
ces
ceux-ci
la
celle-ci
celle-ci
ceux-là
laquelle
ceux-là
celle-ci
les
cette

Mots

L'alimentation / Food

Je voudrais …	I'd like …	des chips (f)	crisps
du beurre	butter	des fraises (f)	strawberries
du café	coffee	des œufs (m)	eggs
du fromage	cheese	des pêches (f)	peaches
du jambon	ham	des petits pois (m)	peas
du jus d'orange	orange juice	des poires (f)	pears
du lait	milk	des pommes (f)	apples
du pain	bread	des pommes de terre (f)	potatoes
du poisson	fish	des raisins (m)	grapes
du poulet	chicken	cinq cents grammes	half a kilo
du yaourt	yoghurt	une tranche	a slice
de la confiture (à la fraise)	(strawberry) jam	une boîte/une bouteille	a tin/a bottle
de la salade	salad/lettuce	un paquet/pot	a packet/a pot/jar
de l'eau (f) minérale	mineral water	un litre	a litre

Au magasin de vêtements / At the clothes shop

un haut	a top	un sweat	a sweatshirt
un jogging	a tracksuit	une chemise verte	a green shirt
un maillot de foot	a football top	une jupe marron	a brown skirt
un pantalon	a pair of trousers	une robe	a dress
un polo	a polo shirt	une veste	a jacket
un pull	a jumper/sweater	des baskets (f) blanches	white trainers
un short	a pair of shorts	des chaussures (f)	shoes

Qui fera quoi? / Who will do what?

J'achèterai (les billets).	I'll buy (the tickets).	du riz	rice
Je ferai (la cuisine).	I'll do (the cooking).	du saucisson	salami
On dormira …	We'll sleep …	de la bière	beer
On ira …	We'll go …	de la moutarde	mustard
On portera (des bottes).	We'll wear (boots).	de l'huile (f) d'olive	olive oil
On prendra (le train).	We'll take (the train).	des champignons (m)	mushrooms
Vous ferez (les courses).	You'll do (the shopping).	des framboises (f)	raspberries
		des haricots (m) verts	green beans
Ce sera chouette!	It'll be great!	des pâtes (f)	pasta
		des saucisses (f)	sausages
du cidre	cider		
du pâté	pâté		

Mots

Le voyage / Travel

un aller simple/ aller-retour	a single/return ticket	Est-ce qu'il faut changer de train?	Do I need to change train?
première/deuxième classe	first/second class	Le train part de quel quai?	Which platform does the train leave from?
Le train part/arrive à quelle heure?	When does the train leave/arrive?	J'ai perdu …	I've lost …

Ça me va? / Does it suit me?

Le blouson est trop large.	The jacket is too baggy.	un imper(méable)	a raincoat
Le manteau est trop court.	The coat is too short.	un maillot de bain	a swimming costume/ trunks
La ceinture est trop longue.	The belt is too long.		
La cravate est démodée.	The tie is old-fashioned.	une casquette	a cap
Les gants sont un peu serrés.	The gloves are a bit tight.	des chaussettes (f)	socks
		en coton/cuir/laine	cotton/leather/woollen
		Je peux l'/les essayer?	Can I try it/them on?
un chapeau	a hat		

Les fêtes / Special occasions

On a fait une grande fête.	We had a big party.	On s'est offert des cadeaux.	We exchanged presents.
On a dansé.	We danced.		
J'ai reçu beaucoup de cadeaux.	I received lots of presents.	On a mangé le grand repas traditionnel.	We had a big traditional dinner.
On a fait un pique-nique.	We had a picnic.	L'année prochaine, je vais …	Next year, I'm going to …
Il y avait des feux d'artifice.	There were fireworks.	avoir un scooter	get a scooter
On a fêté Noël en famille.	We had a family Christmas.	y retourner	go back there
		aller chez mon oncle	go to my uncle's

À la mode / In fashion

des magazines (m) de mode	fashion magazines	je ne m'habillais pas à la mode	I didn't use to dress fashionably
des vêtements (m) de marque	designer clothes	être à l'aise	to be at ease
		un sweat à capuche	a hoodie
ça coûte cher	it's expensive	un collant	a pair of tights
les dernières baskets	the latest trainers	(bleu) clair	light (blue)
s'habiller comme les autres	to dress like everyone else	(bleu) foncé	dark (blue)
je ne la suis pas à la lettre	I don't follow it to the letter		

Déjà vu 1: L'emploi du temps (pages 86–87)

5 Le collège

1 Lisez les textes et répondez aux questions ci-dessous.

A J'ai un emploi du temps aménagé à cause de mes études de musique. Demain, j'aurai deux heures de cours d'éducation musicale. **Jérémy**

B Je déteste les maths, c'est trop difficile. Le prof n'explique pas bien. Hier, j'ai eu du mal à comprendre ce qu'il voulait dire. **Audrey**

C Aujourd'hui j'ai eu un cours de sciences physiques. Ce n'est pas mon truc. À la fin de chaque cours, la prof nous donne des exercices à faire pour le cours suivant. Ce n'est pas facile! **Quentin**

D J'aime bien l'allemand, mais j'ai trop de contrôles à préparer. Hier, j'ai fait mes devoirs et demain, j'aurai un test. Il n'y a jamais assez de temps. **Anaïs**

E Ma matière préférée, c'est l'histoire-géo. Demain, j'aurai un cours juste après le déjeuner. C'est intéressant, mais les devoirs, ça m'embête. Je préfère m'installer dans le séjour pour faire mes devoirs, mais hier, mon père m'a dit de les faire dans ma chambre où c'est plus tranquille. Je n'étais pas content. **Alexis**

F Mon jour préféré, c'est le mercredi parce qu'on n'a pas maths et aussi parce qu'on n'a pas cours l'après-midi. J'ai aussi musique et anglais – mes deux matières préférées! **Émilie**

Quel texte a des verbes … ?

1 au présent seulement
2 au présent et au passé composé
3 au présent et au futur
4 au présent, au futur et au passé composé
5 au présent, au passé composé et à l'imparfait
6 au présent, au passé composé, à l'imparfait et au futur

2 Notez en anglais des détails pour Alexis et Anaïs.

	Passé	Présent	Futur
Alexis	Dad told me to …		

3 Écrivez un paragraphe et donnez votre opinion sur vos matières.

Aujourd'hui, j'ai eu un cours de sciences … c'était …

> Include verbs in four different tenses: the present, the past (perfect and imperfect) and the future.

Déjà vu 2: L'uniforme scolaire [pages 88–89]

5 Le collège

1 Lisez les textes pendant une minute.

1 Qui est plutôt <u>pour</u> les uniformes scolaires? _____

2 Qui est plutôt <u>contre</u>? _____

> Il n'y a pas d'uniforme dans mon école. Je pense que chaque personne est différente et a sa propre personnalité. (1) <u>Le choix des vêtements reflète une partie de cette personnalité</u>. En plus, c'est au collège que (2) <u>les élèves prennent conscience de leur individualité</u> et, avoir un uniforme, c'est restrictif.
> **Kévin**

> Pour moi, porter un uniforme est positif. (3) <u>Quand tous les élèves sont habillés de la même manière</u>, il n'y a pas de distinction de goûts. Je pense aussi que souvent les uniformes sont moins chers que les vêtements à la mode. Finalement, les élèves sont plus disciplinés avec un uniforme (4) <u>et arrivent mieux à apprendre</u>.
> **Florian**

> Avec un uniforme scolaire, (5) <u>tout le monde est à égalité</u>. Ça efface les différences entre les classes sociales et (6) <u>ça évite les moqueries et les provocations</u>. Certains élèves ne peuvent pas acheter des vêtements de marque et (7) <u>ça crée des divisions</u>. Avec un uniforme on dépense moins d'argent pour les vêtements et (8) <u>on en dépense plus pour des choses plus importantes</u>.
> **Amandine**

2 Sans regarder dans un dictionnaire, expliquez les phrases soulignées en anglais.

1 The choice of clothes …
2 _____
3 _____
4 _____
5 _____
6 _____
7 _____
8 _____

> Don't look in a dictionary; work out the meaning from the context or from cognates. Look at the tone of the rest of the text and try to work it out. Look for other words/phrases you know and make sure it makes sense.

3 Vous êtes pour ou contre l'uniforme scolaire? Écrivez un paragraphe.

Je suis pour l'uniforme scolaire. Avec un uniforme, il n'y a pas de distinction …

5 *Le collège*

1 La formation (pages 90–91)

Le saviez-vous?

L'école en France est obligatoire à partir de six ans.

Il y a environ vingt-six élèves par classe en école maternelle et environ vingt-trois par classe en école primaire.

Vingt-quatre pour cent des élèves vont dans une école privée.

L'année scolaire commence au début du mois de septembre et finit à la fin du mois de juin.

Au collège, les élèves ont à peu près trente heures de cours par semaine.

Au collège, il y a quatre années d'études (de la sixième jusqu'à la troisième).

Après le collège, il y a trois années d'études dans un lycée: la seconde, la première et la terminale.

À la fin du lycée, il y a l'examen du bac (le baccalauréat).

Soixante-trois pour cent des élèves obtiennent le bac.

Quarante-cinq pour cent des enfants de moins de quinze ans pensent que l'école sert à apprendre; trente-huit pour cent pensent qu'elle les aide à avoir un métier; douze pour cent pensent qu'elle est un lieu où on se fait des amis.

sert à – serves to/is for the purpose of
un lieu – a place

1 Expliquez les chiffres en anglais:

a 3 <u>The number of years of study in a lycée.</u>

b 45% _____

c 30 _____

d 6 _____

e 38% _____

f 63% _____

g 26 _____

h 23 _____

i 12% _____

j 4 _____

k 24% _____

2 Adaptez au moins cinq phrases de l'article pour décrire le système dans votre pays.

> Adapt those phrases where you already know or can work out the figures and, if possible, use the Internet to research more information.

45

2 Ma journée – aujourd'hui et hier [pages 92–93]

5 Le collège

1 **Casse-tête!** Trouvez les deux histoires de Pascal Panique et Freddy Frénétique et copiez-les dans le bon ordre.

Pascal Panique: *D'habitude, en semaine, je me réveille à six heures et demie, mais hier, je me suis réveillé à sept heures et quart! …*

Freddy Frénétique: *Normalement, le dimanche, je me lève tard, vers huit heures et demie …*

- m'habille. Un jour, j'étais dans la cuisine, en pyjama, une
- 'Zut! J'ai raté le bus!' Alors, j'ai pris mon vélo et je
- au collège, il n'y avait personne dans la
- parti. Je suis arrivé une heure en retard et quand je suis entré dans
- lundi! Alors, j'ai vite mis mes baskets et je suis
- habillé et je suis parti en courant. Il n'y avait
- Je prends mon petit déjeuner, puis je
- pas d'autres élèves à l'arrêt d'autobus et je me suis dit:
- le cours de sciences physiques, tout le monde s'est moqué de moi: j'étais toujours en pyjama!
- Je ne me suis pas douché; je me suis vite
- suis reparti à toute vitesse. Mais quand je suis arrivé
- cour. C'est à ce moment-là que je me suis rendu compte qu'on était dimanche!
- neuf heures!' On n'était pas dimanche, on était
- tartine à la main quand ma mère est entrée. Elle
- m'a dit: 'Mais, pourquoi n'es-tu pas au collège? Il est déjà

2 Choisissez l'histoire de Pascal **ou** l'histoire de Freddy et écrivez un résumé en anglais (100 mots au maximum).

3 Regardez les images et écrivez l'histoire de Chloé Chaos en adaptant les textes de l'exercice 1.

Normalement:

Hier:

5 Le collège

3 Vive la différence! (pages 94–95)

En Angleterre et en France, on trouve des collèges dits «difficiles» avec beaucoup de problèmes. On a interviewé un jeune Français et un jeune Anglais qui se trouvent dans des collèges «difficiles»:

Camille, 15 ans, Paris
Dans mon collège, c'est affreux, c'est le bordel. Je déteste vraiment y aller. Ça me stresse et je me demande tout le temps ce qu'il va m'arriver. Il y a beaucoup trop d'élèves dans toutes nos classes et il est presque impossible de parler avec les profs. On ne se sent plus en sécurité au collège. Je voudrais bien changer d'école, mais ce n'est pas possible parce qu'il n'y a que cette école dans le quartier où j'habite.
Je pense que pour trop de jeunes il n'y a pas de limite; ils viennent de familles où les parents ne s'intéressent pas à eux et personne ne sait où ils sont ou ce qu'ils font.

George, 16 ans, Birmingham
Moi aussi, je déteste mon collège. On n'a ni règles strictes ni punitions efficaces. Les élèves jettent leurs chewing-gums et autres déchets par terre et ils dessinent sur les tables ou sur les murs. Les profs ne les voient jamais.
En plus, les bâtiments sont moches et en très mauvais état. Personne ne semble se préoccuper des problèmes. Mon copain s'est fait taper dessus parce qu'il ne voulait pas donner son argent. Et on n'a rien vu. Ce qu'on devrait faire, c'est avoir des règles plus strictes et employer des agents de police pour surveiller les écoles.

le bordel – chaos

Use the context and your sense of logic to work out some of the unknown expressions. Use a dictionary as a last resort.

1 Who ...

1 talks about graffiti at school?
2 says school does not feel safe?
3 mentions the state of the school buildings?
4 thinks they don't have punishments which work?
5 mentions family life?
6 thinks the classes are too big?
7 mentions the difficulty of speaking to the teachers?
8 knows someone who was beaten up?

2 Soulignez toutes les phrases négatives du texte. Puis copiez *un* exemple de chaque idée négative ci-dessous et traduisez-le en anglais.

*Underline all the negatives in the text. Then copy **one** example of each negative below and translate the sentence into English.*

1 ne ... pas   Leurs parents ne s'intéressent pas à eux. Their parents aren't interested in them.
2 ne ... plus
3 personne ne ...
4 ne ... jamais
5 ne ... ni ... ni
6 ne ... rien
7 ne ... que

5 Le collège

4 Respectez les consignes! [pages 96–97]

1 Complétez les consignes et remplissez la grille de mots croisés.

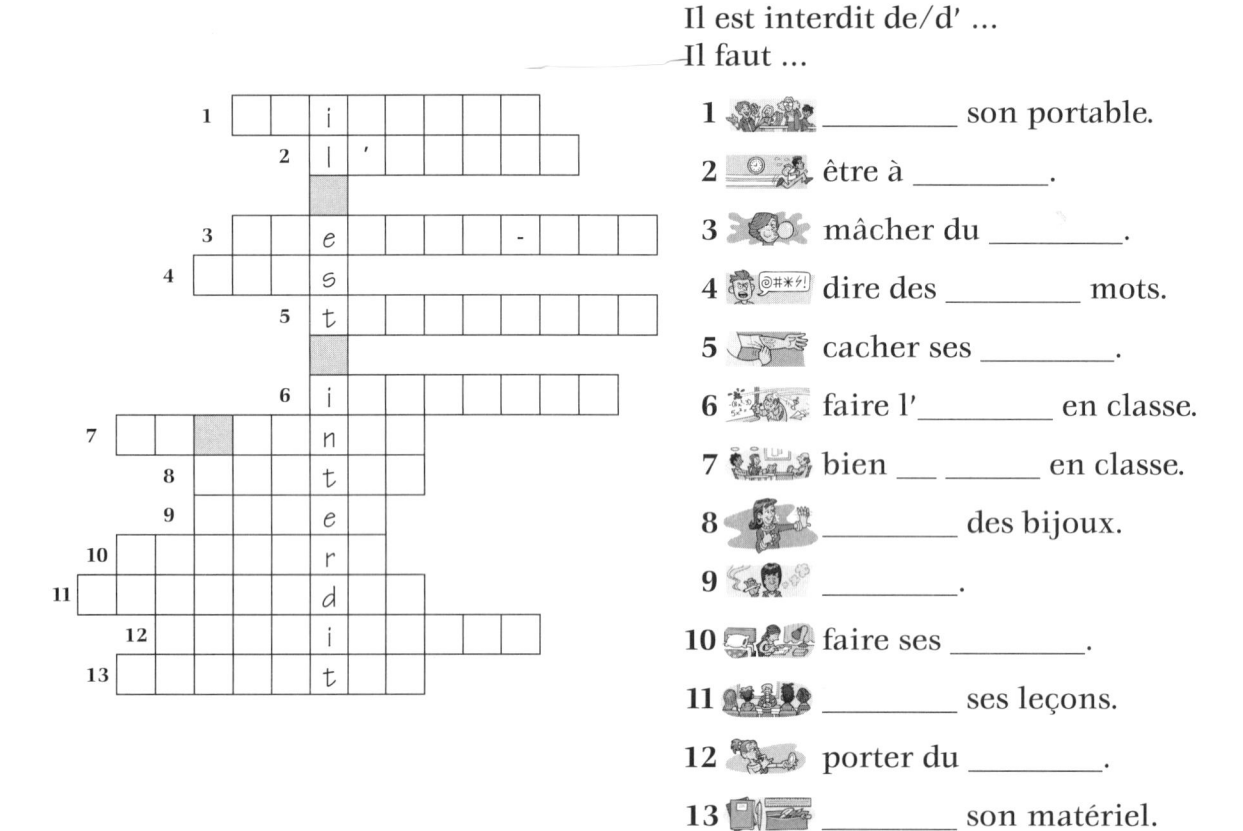

Il est interdit de/d' …
Il faut …

1 _____ son portable.
2 être à _____.
3 mâcher du _____.
4 dire des _____ mots.
5 cacher ses _____.
6 faire l'_____ en classe.
7 bien ___ _____ en classe.
8 _____ des bijoux.
9 _____.
10 faire ses _____.
11 _____ ses leçons.
12 porter du _____.
13 _____ son matériel.

2 Finissez les phrases suivantes.

Exemple: Si tu as un chewing-gum, il faut le mettre à la poubelle.

1 Si tu arrives en retard, il faut _____.
2 Si tu n'as pas ton matériel, il faut _____.
3 Si tu ne fais pas tes devoirs, _____.
4 Si tu dis des gros mots, _____.
5 Si tu as un portable, il ne faut pas _____.
6 Si tu portes du maquillage, il faut _____.

t'excuser   tu vas recevoir un avertissement
tu vas avoir une colle   te démaquiller   l'allumer
demander un crayon et du papier au prof

Expo-langue

Il faut + infinitive =
You have to/must …

Il est interdit de/d' =
It is forbidden to …

5 Le collège

5 Que feras-tu? [pages 98–99]

1 Complétez le texte. Utilisez les détails en anglais et écrivez les verbes au futur.

Mon avenir: Pauline, 16 ans
J'ai seize ans et je (1) _____ et après les grandes vacances, j'irai au lycée où (2) _____. (3) _____ un bac général parce que je ne veux pas me spécialiser tout de suite. Après mon bac, (4) _____ _____ où je ferai une licence de langues. Pendant mes études à la fac, je crois que (5) _____ pour améliorer mon anglais et j'irai aussi en Allemagne. Peut-être que je serai assistante dans un collège en Angleterre où (6) _____ _____! Je ne sais pas ce que je ferai après la fac, mais (7) _____. Peut-être que (8) _____, peut-être en Afrique ou en Asie comme bénévole. Plus tard, après mes voyages, je rentrerai en France et (9) _____. Concernant ma vie personnelle, j'espère que (10) _____! J'espère que je serai mariée à l'âge de trente ans. À l'âge de quarante ans, j'espère que (11) _____. J'espère que tous mes rêves se réaliseront!

1 will leave school in June
2 I will continue my studies
3 I will do
4 If I have good results, I'll go to university
5 I'll go to England
6 I will help pupils to learn French
7 I will not work in France immediately
8 I'll work abroad
9 I'll be an English teacher in a sixth form college
10 I will meet a man who will be very handsome and very rich
11 I will be rich, I will live in a big house and I will have three perfect children and two dogs

Expo-langue
The future tense is formed from a stem (usually the infinitive) plus the endings: –**ai** (for **je**), –**as** (for **tu**), –**a** (for **il/elle**).

The following have irregular stems: aller (j'**ir**ai); avoir (j'**aur**ai), être (je **ser**ai); faire (je **fer**ai).

2 Adaptez le texte et écrivez un paragraphe sur vos projets d'avenir. Inventez des détails.

Grammaire

5 Le collège

1 **Trouvez l'intrus et expliquez en anglais.**

1 ils choisissent/ils finissent/ils viennent <u>The last one, as the first two are</u> <u>regular –ir verbs and double the 's'.</u>

2 elles doivent/elles connaissent/elles veulent _____

3 ils tiennent/ils doivent/ils prennent _____

4 elles jouent/elles disent/elles parlent _____

5 ils écrivent/ils disent/ils lisent _____

2 **Complétez le texte avec les verbes réfléchis.**

Le matin, je _____ à six heures et demie.
Je _____ dix minutes plus tard, puis je _____ tout de suite et je _____ dans ma chambre. Ma sœur _____ après moi parce qu'elle reste longtemps dans la salle de bains!
Je partage la chambre avec elle et on _____ tout le temps. Cependant, je _____ bien avec mon petit frère.
Généralement, je _____ parce que je dois prendre le bus à sept heures et quart.
Le soir, je _____ vers dix heures et ma sœur et mon frère _____ vers huit heures et demie. Super!

se couchent
se dispute
me lève
m'habille
me couche
me dépêche
se douche
m'entends
me douche
me réveille
s'habille
se lève

3 **Complétez le texte de Sophie avec les mêmes verbes que dans l'exercice 2, mais au passé composé.**

> **Expo-langue**
> Remember all reflexive verbs use **être** in the perfect tense and the past participle agrees with the subject.
>
> Je **me** suis lev**é**(**e**).

Hier matin, je <u>me suis réveillée</u> à six heures et demie. Je _____ dix minutes plus tard, puis je _____ tout de suite et je _____ dans ma chambre. Ma sœur _____ après moi parce qu'elle reste longtemps dans la salle de bains!

Je partage la chambre avec elle et hier on _____ .

Hier matin, je _____ parce que j'ai dû prendre le bus à sept heures et quart.

Le soir, je _____ vers dix heures et ma sœur et mon frère _____ vers huit heures et demie.

Mots

5 Le collège

Les matières — *Subjects*

Ma matière préférée, c'est …	*My favourite subject is …*	les SVT/sciences (f) et vie de la terre	*natural sciences/ biology*
le français	*French*	l'histoire-géo (f)	*history-geography*
le théâtre	*drama*	l'allemand (m)	*German*
les sciences (f) physiques	*physical sciences*	l'espagnol (m)	*Spanish*
la biologie	*biology*	Hier matin, j'ai eu un cours d'EPS.	*Yesterday morning I had a PE lesson.*
la chimie	*chemistry*	Aujourd'hui, j'ai deux heures d'anglais.	*Today I have two hours of English.*
la physique	*physics*	Demain, je vais faire un cours de dessin.	*Tomorrow I'm going to have an art lesson.*
la technologie	*technology*		
les maths (f)	*maths*		
les sciences	*science*		

Mon opinion — *My opinion*

j'adore	*I love*	facile	*easy*
j'aime bien	*I like*	ennuyeux	*boring*
je déteste	*I hate*	Je suis fort(e) en langues.	*I am good at/strong in languages.*
c'est …	*it's …*		
intéressant	*interesting*	Je suis faible en sciences	*I am weak at science.*
difficile	*difficult*	Ce n'est pas mon truc.	*It's not my thing.*

L'uniforme — *Uniform*

Il faut porter …	*You have to wear …*	une veste	*a jacket*
un chandail	*a cardigan*	des baskets (f)	*trainers*
un collant	*tights*	des chaussures (f)	*shoes*
un jean	*jeans*	des chaussettes (f)	*socks*
un maillot (de foot)	*a (football) shirt*	des sandales (f)	*sandals*
un pantalon	*trousers*	C'est chic/pratique/ confortable.	*It's stylish/practical/ comfortable.*
un polo	*a polo shirt*		
un pull	*a jumper*	Un uniforme doit être …	*A uniform should be …*
un short	*shorts*	pas trop cher	*not too expensive*
un sweat	*a sweatshirt*	en coton/cuir/jean/laine	*cotton/leather/ denim/woollen*
un tee-shirt	*a tee-shirt*		
une chemise	*a shirt*	en tissu facile à laver	*in an easy to wash material*
une cravate	*a tie*		
une jupe	*a skirt*	en tissu qui n'a pas besoin de repassage	*in a material that doesn't need ironing*
une robe	*a dress*		

Les couleurs — *Colours*

blanc(he)	*white*	rose	*pink*
bleu(e)	*blue*	rouge	*red*
bordeaux	*maroon*	vert(e)	*green*
gris(e)	*grey*	bleu clair	*pale blue*
jaune	*yellow*	bleu foncé	*dark blue*
noir(e)	*black*	bleu marine	*navy blue*
orange	*orange*	à rayures	*striped*

Mots

5 Le collège

La formation — *Education*

Ils vont à l'école primaire.	*They to to primary school.*
Ils vont au collège à l'âge de …	*They go to secondary school at the age of …*
Notre lycée s'appelle …	*Our college is called …*
C'est un collège mixte.	*It's a mixed secondary school.*
Il y a environ … élèves.	*There are around … pupils.*
Les cours débutent à …	*Lessons start at …*
Les collèges prennent le nom …	*Schools take the name …*
l'instituteur/institutrice	*primary teacher*
le/la professeur	*secondary teacher*
le directeur/la directrice	*headmaster/headmistress*
le comportement	*behaviour*
la discipline	*discipline*
les devoirs	*homework*
la récré	*break*

Ma journée — *My day*

Je me réveille à 7 heures.	*I wake up at seven o'clock.*
Je me lève tout de suite.	*I get up straight away.*
Je me douche et je m'habille.	*I have a shower and get dressed.*
Je me couche vers 10 heures.	*I go to bed at about ten.*
Hier, je me suis réveillé(e) …	*Yesterday I woke up …*
je me suis levé(e)	*I got up*
je me suis douché(e)	*I had a shower*
je me suis habillé(e)	*I got dressed*
je me suis couché(e)	*I went to bed*
Au petit déjeuner, j'ai mangé du pain.	*For breakfast I had some bread.*
J'ai bu du chocolat chaud.	*I drank some hot chocolate.*
Je suis sorti(e) à 8h15.	*I left at 8.15.*
Je suis allé(e) au collège en car.	*I went to school by bus.*
Je suis rentré(e) à 16h30.	*I came home at 4.30.*

Au négatif — *In the negative*

ne … pas	*not*
ne … plus	*no longer*
ne … que	*only/not until*
ne … jamais	*never*
ne … rien	*nothing*
personne ne …	*nobody*
ni … ni …	*neither … nor …*

Les consignes — *Instructions*

Il faut …	*You have to …*
Il ne faut pas …	*You mustn't …*
Il est interdit de …	*You're not allowed to …/ It is forbidden to …*
un avertissement	*warning*
une convocation	*meeting*
une retenue/une colle	*detention*
Je crois que la règle la plus importante, c'est …	*I think the most important rule is …*
être racketté(e)	*to be bullied into giving money*
se sentir surchargé(e)	*to feel overburdened*
redoubler	*to retake a year at school*

Que feras-tu? — *What will you do?*

Si j'ai de bonnes notes, …	*If I get good results …*
J'irai au lycée/à l'université.	*I will go to college/university.*
Je ferai une licence de commerce.	*I will do a business degree.*
Je ferai un apprentissage chez Citroën.	*I will do an apprenticeship with Citroën.*
Je travaillerai à l'étranger.	*I will work abroad.*
Je ferai du bénévolat.	*I will do voluntary work.*
J'aurai ma propre entreprise.	*I will have my own business.*
Je serai très riche.	*I will be very rich.*
J'habiterai aux États-Unis.	*I will live in the USA.*
Je continuerai mes études.	*I will continue my studies.*
Je rencontrerai le/la partenaire de mes rêves.	*I will meet the partner of my dreams.*
Je ne sais pas exactement ce que je ferai quand je quitterai le collège.	*I don't know exactly what I'll do when I leave college.*
Je m'intéresse beaucoup à …	*I'm very interested in …*

6 Il faut bosser!

Déjà vu: L'argent, l'argent [pages 106–107]

1a Lisez les textes pendant une minute:

Qui est …
content(e)?   assez content(e)?   pas content(e)?

Amandine: Ma mère me donne 60€ par mois comme argent de poche. Pour ça, je dois mettre la table et vider le lave-vaisselle chaque soir. Je trouve ça assez généreux. Avec mes 60€, j'achète mes magazines, mon maquillage, des CD et des vêtements à la mode. Ma mère me paie mes affaires scolaires et certains vêtements indispensables. Je mets de côté l'argent qu'il me reste pour acheter des cadeaux pour mes copains. J'aimerais en avoir un peu plus, mais ce n'est pas mal!

Nicolas: Mes parents me donnent 5€ par semaine comme argent de poche. Je trouve ça un peu dur. Ce n'est pas assez pour acheter des CD ou des jeux de console parce que ça coûte assez cher. Quelquefois, ma grand-mère me donne de l'argent. Je le mets de côté, puis quand j'en ai assez, j'achète un DVD ou un jeu. J'espère trouver un petit emploi, comme ça j'aurai plus d'argent.

Jérémie: Mon père me donne 100€ par mois et avec ça je dois tout acheter: tous mes vêtements, toutes mes affaires scolaires, des cadeaux, des CD, des jeux et des magazines, bref, tout, vraiment tout! C'est nul! Avant, je dépensais beaucoup au début du mois, et après il ne me restait plus rien pour la fin du mois! Peu à peu, j'ai appris à économiser. Quand je veux quelque chose de spécial, par exemple, si je veux des baskets de marque, je dois économiser pendant deux ou trois mois et ensuite, je peux les acheter. Pour avoir mes 100€, je dois garder ma petite sœur de temps en temps et je dois aussi promener le chien chaque matin.

1b Qui …

1. doit s'occuper d'un animal?
2. économise pour acheter des cadeaux d'anniversaire?
3. économise pour acheter quelque chose de plus cher?
4. reçoit quelquefois de l'argent de sa mamie?
5. doit aider avant le repas du soir?
6. a dû apprendre à ne pas dépenser trop vite tout son argent?
7. doit acheter tout ce qu'il lui faut?
8. doit faire un peu de baby-sitting?

> To gain extra marks, always remember to give your opinion. Underline the opinions in the texts and try to include at least three different opinions in your work.

2 Écrivez un paragraphe en utilisant les détails suivants:

| 40€ par mois | sortir la poubelle | faire la vaisselle |
| pas très content(e) | matériel scolaire/vêtements | |

53

6 Il faut bosser!

1 Avez-vous un job? (pages 108–109)

1 Trouvez la phrase qui manque dans chaque texte et écrivez-la.

> Moi, j'ai 17 ans, je suis encore au lycée mais je gagne de l'argent grâce à mon travail. _____ pour qu'ils progressent en maths. Leurs parents me donnent une petite somme d'argent chaque mois comme rémunération. Et je suis très contente, très fière de tout ce que je fais.
> **Rachida**

> C'est super les petits boulots! Moi, j'ai 14 ans et je suis serveuse le week-end. Je suis payée 30€ la soirée. C'est super. _____. Ça m'énerve, mais en général, ça marche bien. Je commence à sept heures et je finis vers minuit. Nous les jeunes, nous avons besoin d'argent pour nous payer des affaires.
> **Marianne**

> J'ai 16 ans et je travaille dans un magasin le vendredi soir et le samedi. Et ça marche très bien. Le travail est assez dur, mais mes collègues sont sympas et on s'amuse bien la plupart du temps. _____. Je dois commencer à huit heures, mais je finis à quatre heures. **Tom**

> Moi, j'ai 15 ans et je fais du baby-sitting une ou deux fois par semaine. Ça s'est toujours très bien passé. Je garde un bébé de 1 an, une petite fille de 6 ans et une autre de 9 ans ensemble. _____. C'est un choix: sortir avec mes copains ou gagner de l'argent. En ce moment, j'ai besoin d'argent, alors je choisis le baby-sitting! **Sarah**

> Le week-end, quelquefois c'est difficile.　　Quelquefois, les clients sont un peu impolis.　　Je donne des cours à des enfants plus petits que moi
> Je dois me lever tôt le samedi.

2 Répondez aux questions en français.

1 Est-ce que Rachida est payée pour son travail?
2 Elle aime son travail?
3 Où est-ce que Marianne travaille à votre avis?
4 Quel est l'inconvénient de son travail?
5 Est-ce que Tom aime ses collègues?
6 Pourquoi est-ce que Sarah trouve les week-ends difficiles?

> Make sure you use the question to help you with your answer. Be careful! The texts use **je** but your answers will need to use **il/elle** with the correct part of the verb.

3 Vous aimeriez faire le travail de ces quatre jeunes? Expliquez pourquoi en français.

Je n'aimerais pas faire le travail de Rachida. Je suis nul(le) en maths et …

2 Au boulot! (pages 110–111)

1 Écrivez les questions de l'interview.

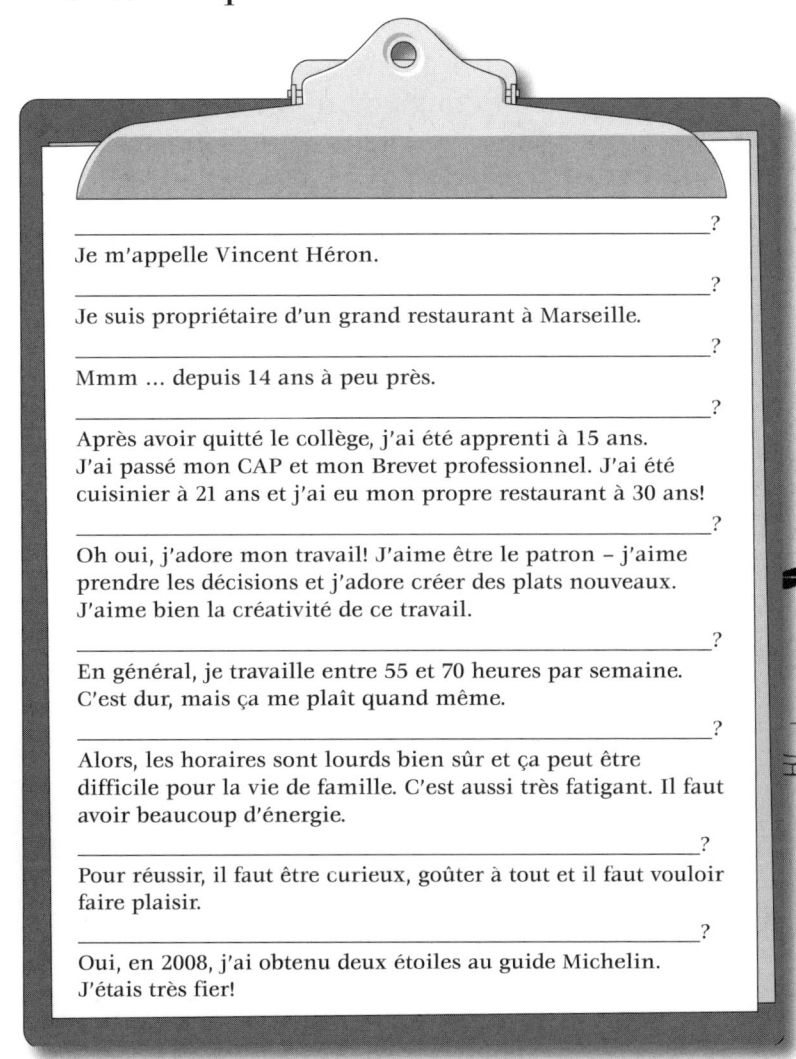

_____?
Je m'appelle Vincent Héron.

_____?
Je suis propriétaire d'un grand restaurant à Marseille.

_____?
Mmm … depuis 14 ans à peu près.

_____?
Après avoir quitté le collège, j'ai été apprenti à 15 ans. J'ai passé mon CAP et mon Brevet professionnel. J'ai été cuisinier à 21 ans et j'ai eu mon propre restaurant à 30 ans!

_____?
Oh oui, j'adore mon travail! J'aime être le patron – j'aime prendre les décisions et j'adore créer des plats nouveaux. J'aime bien la créativité de ce travail.

_____?
En général, je travaille entre 55 et 70 heures par semaine. C'est dur, mais ça me plaît quand même.

_____?
Alors, les horaires sont lourds bien sûr et ça peut être difficile pour la vie de famille. C'est aussi très fatigant. Il faut avoir beaucoup d'énergie.

_____?
Pour réussir, il faut être curieux, goûter à tout et il faut vouloir faire plaisir.

_____?
Oui, en 2008, j'ai obtenu deux étoiles au guide Michelin. J'étais très fier!

2 Corrigez les erreurs dans ces phrases.

1. Il a quitté le collège à seize ans.
2. Il n'a pas réussi son Brevet professionnel.
3. Il a commencé à travailler comme cuisinier à trente ans.
4. Il a cessé d'être propriétaire à trente ans.
5. Il n'aime pas tellement préparer les repas.
6. Il travaille plus de soixante-dix heures par semaine.
7. Un inconvénient, c'est qu'il n'aime pas être avec sa famille.
8. Pour avoir du succès, il pense qu'on doit faire les mêmes choses tous les ans.

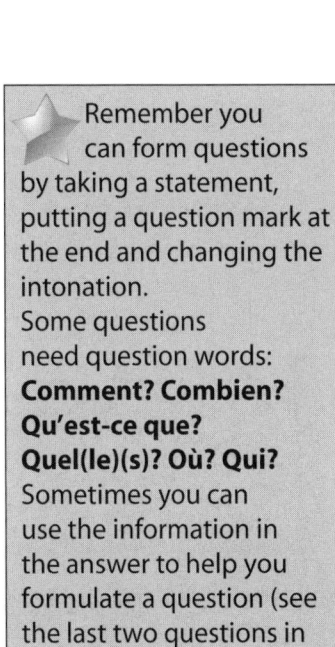

> ⭐ Remember you can form questions by taking a statement, putting a question mark at the end and changing the intonation.
> Some questions need question words: **Comment? Combien? Qu'est-ce que? Quel(le)(s)? Où? Qui?**
> Sometimes you can use the information in the answer to help you formulate a question (see the last two questions in exercise 1).

6 Il faut bosser!

3 C'est de la part de qui? [pages 112–113]

1 Lisez les trois offres d'emploi. Choisissez un emploi et notez l'essentiel en anglais.

A: <u>Shop assistant, 17–23 years old …</u>

A
Assistante de boutique
Entre 17 et 23 ans; avec un peu d'expérience, dans l'encadrement d'une équipe de 5 à 6 personnes. Très dynamique et d'excellente présentation, vous êtes disponible rapidement.
Adr. lettre, CV à DPAM, DRH 18 avenue Ampère 91320 Wissous

B
Restaurant gastronomique
cherche Barman / Barmaid
Expérience et bonne présentation exigées, motivé(e) pour début août, salaire fixe
Tél 06.79.42.55.00

C
Améliorez votre allemand!
Partez 6 mois en Allemagne
Job au pair ou job en hôtellerie
Nourri, logé + salaire
Tél: 05 46 23 99 88

2 Écrivez trois offres d'emploi ridicules ou amusantes!

Usine de chocolat de Willy Wonka
Cherche dégustateur/dégustatrice de chocolat.
Grand appétit exigé (les gourmands sont les bienvenus!)
Nourri, mais pas logé.

Idées:
Teacher at Hogwarts School
Cook at Count Dracula's Castle
Car mechanic for Batman
Cleaner at the Big Brother House
Barman/woman at the Queen Vic, Albert Square

> Use the English–French part of the dictionary to look up any words you want to use. To check you've got the right word, look up your chosen word in the French–English part.

6 Il faut bosser!

4 Ce n'est pas juste! (pages 114–115)

1   Lisez le poème et inventez un titre.

> Try to think about the poem in a more analytical way, as you would in your English lessons. For example, try to think about the person who's writing. What is he feeling? Why is he writing it?

Cher frère blanc!
Quand je suis né, j'étais noir.
Quand j'ai grandi, j'étais noir.
Quand je vais au soleil, je suis noir.
Quand j'ai froid, je suis noir.
Quand j'ai peur, je suis noir.
Quand je suis malade, je suis noir.
Quand je mourrai, je serai toujours noir.

Tandis que toi, homme blanc,
Quand tu es né, tu étais rose.
Quand tu as grandi, tu étais blanc.
Quand tu vas au soleil, tu es rouge.
Quand tu as froid, tu es bleu.
Quand tu as peur, tu es vert.
Quand tu es malade, tu es jaune.
Quand tu mourras, tu seras gris.

Et après ça, tu as le toupet de m'appeler
«Homme de couleur»!

> tu as le toupet – you have the cheek

2   Répondez aux questions en anglais.

1   Who is the poem addressed to?
2   What do you know about the person writing it?
3   How do you think the writer feels and why?
4   What message do you think the writer wants to get across?
5   What do you think of the poem and why?

3   Écrivez un petit poème dans le même style.

Quand je me lève …
Quand je suis allé au collège hier …
Quand je quitterai la maison …

> Look at the structure of the poem and use it in yours:
>
> – Most of the lines begin with **quand**.
> – Some lines are in the past tenses (perfect and imperfect).
> – Some are in the present, or the future.

5 Les stages – pour ou contre? (pages 116–117)

1 Casse-tête! Copiez les phrases du texte dans le bon ordre.

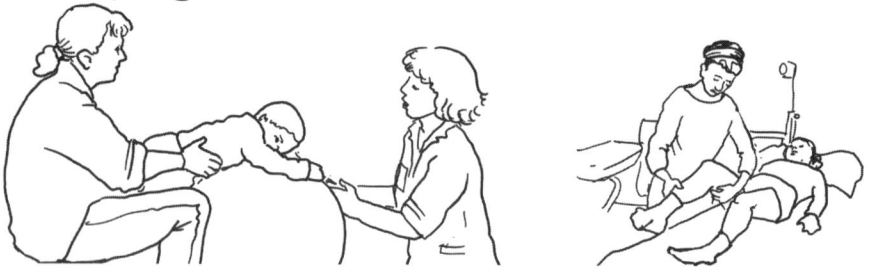

J'ai fait mon stage dans un hôpital. J'ai travaillé pendant …

| faire un stage dans ce domaine car ça m'intéresse beaucoup. Tous les jours, j'aidais la |
| pour organiser les rendez-vous ou pour les changer. Je |
| handicapés. C'était une expérience très positive. J'ai |
| étaient tous différents; j'ai travaillé avec |
| préparais les boissons et je jouais avec les enfants |
| deux semaines en mai avec une physiothérapeute. J'ai choisi de |
| des personnes paralysées et des enfants handicapés. La physiothérapeute |
| avait un bon sens de l'humour, ce qui est important dans ce travail. Pour être |
| appris beaucoup de choses et le travail était très varié. Les patients |
| être patient(e), diplomate et pleine(e) de dynamisme! Pour le |
| physiothérapeute avec les exercices des patients. Je téléphonais |
| moment, c'est ce que je veux faire plus tard! |
| avec qui je travaillais était très gentille. Elle |
| physiothérapeute, il faut savoir bien communiquer, bien écouter, il faut |

2 Relisez le texte de l'exercice 1 et complétez les informations en français.

Domaine de travail: Physiothérapie
Opinion générale: ....
Patients: ....
Tâches principales: ....
Qualités nécessaires pour être physiothérapeute: ....
Avantages: ....

3 Choisissez six phrases du texte et transformez-les en phrases négatives.

C'était une expérience très positive. → Ce n'était pas une expérience très positive ou C'était une expérience négative.

Grammaire

6 Il faut bosser!

1 Traduisez ces phrases en français. Utilisez tous les mots de la case.

1. He phones me every day.
2. How much money do your parents give you?
3. He's asking her to go out at the weekend.
4. She speaks to him every evening.
5. They don't give me a lot of money.
6. You don't speak to her often.

> **Expo-langue**
> **me**, **te** and **lui** are indirect object pronouns and go in front of the verb (even when the sentence is negative).
>
> They mean 'to me', 'to you' and 'to him/her' but the word 'to' is not always used in English. They are used with the common verbs **demander** (to ask), **donner** (to give), **parler** (to speak to), **téléphoner** (to telephone).
>
> Il **me** demande. – He asks me.

Each word to be used only once:

il, les, me, demande, lui, tes, elle, donnent, sortir, parle, les, me, combien, ne, lui, il, pas, lui, tous, te, souvent, ils, téléphone, ce week-end, d'argent, donnent, tous, beaucoup, tu, ne, parles, soirs, pas, de, d'argent, parents, jours

2 Complétez le texte avec *qui* ou *que/qu'*.

> **Expo-langue**
> Remember **qui** refers to the subject of a sentence and means 'who', 'which' or 'that'.
>
> **Que** refers to the object of a sentence and means 'whom', 'which' or 'that'. Remember, **que** shortens to **qu'** in front of a vowel sound.

La discrimination envers les handicapés est quelque chose _____ il ne faut pas tolérer. J'ai un frère en fauteuil roulant _____ a des problèmes au collège. Par exemple, les bâtiments ne sont pas adaptés aux gens _____ sont en fauteuil roulant; il y a des élèves _____ racontent des blagues et un prof a dit que mon frère ne pouvait pas faire de sport à cause de ses problèmes. Mais le sport, c'est la chose _____ il aime le plus!
Même en ville, il y a des problèmes. Il y a beaucoup de magasins _____ sont difficiles d'accès. Par exemple, dans la librairie de notre ville, pour aller au rayon enfants _____ est au premier étage, il n'y a pas d'ascenseur. Le responsable a dit: «Je pense qu'il n'y a pas beaucoup de personnes _____ ont besoin d'un ascenseur.»
Moi, je trouve _____ c'est une chose _____ est tout à fait inacceptable!

Mots

6 Il faut bosser!

Les tâches ménagères — *Household chores*

Je dois …	*I have to …*	passer l'aspirateur (m)	*do the vacuum-cleaning*
aider à la maison	*help around the house*	promener le chien	*walk the dog*
faire la vaisselle	*do the washing-up*	ranger ma chambre	*tidy my bedroom*
garder ma petite sœur	*look after my little sister*	sortir la poubelle	*take the dustbin out*
mettre la table	*lay the table*	vider le lave-vaisselle	*empty the dishwasher*

L'argent de poche — *Pocket money*

Je reçois (10 euros).	*I get (10 euros).*	Avec mon argent, j'achète …	*With my money, I buy …*
Ma mère me donne/Mes parents me donnent (10 euros).	*My mother/My parents give(s) me (10 euros).*	du maquillage	*make-up*
		du matériel scolaire	*school equipment*
par semaine/mois	*per week/month*	des bonbons (m) et des chocolats (m)	*sweets and chocolates*
Mes parents paient …	*My parents pay for …*		
mes affaires (f) scolaires	*my school things*	des cadeaux (m)	*presents*
mes vêtements (m)	*my clothes*	des jeux de console (m)	*console games*
Je suis content(e).	*I'm happy.*	quelquefois/parfois	*sometimes*
C'est pas mal/assez généreux.	*It's not bad/quite generous.*	toujours	*always*
Je ne suis pas content(e).	*I'm not happy.*	J'économise/Je fais des économies pour …	*I'm saving up for …*
Je trouve ça dur/injuste.	*I find it hard/unfair.*	Je mets de l'argent de côté pour …	*I put money aside for …*
Ce n'est pas juste.	*It's not fair.*		
J'ai besoin d'argent.	*I need money.*		

Les petits boulots — *Part-time jobs*

Je travaille dans …	*I work in …*	Je gagne (5€) par heure.	*I earn (€5) an hour.*
un centre de loisirs	*a leisure centre*	Je fais le café pour les clients.	*I make coffee for the customers.*
un fast-food	*a fast-food restaurant*		
un salon de coiffure	*a hairdresser's*	Je travaille à la caisse.	*I work on the till.*
un supermarché	*a supermarket*	Je fais des livraisons.	*I do deliveries.*
Je fais du baby-sitting.	*I do babysitting.*	Je sers les clients.	*I serve the customers.*
Je livre des journaux.	*I deliver newspapers.*	Je range l'équipement sportif.	*I tidy up the sports equipment.*
Je travaille de (9h00) à (17h30).	*I work from (9 a.m.) until (5.30 p.m.).*	Je remplis les rayons.	*I fill the shelves.*

Les métiers — *Jobs/Professions*

l'agent (m) de police	*policeman/policewoman*	le facteur/la factrice	*postman/postwoman*
le/la boulanger/ère	*baker*	le/la médecin	*doctor*
le/la caissier/ère	*cashier/checkout person*	le serveur/le garçon de café	*waiter*
le/la chauffeur de poids lourds	*lorry driver*	la serveuse	*waitress*
le/la chef de cuisine	*cook/chef*	le steward/l'hôtesse (f) de l'air	*airline steward/stewardess*

Les avantages et les inconvénients — *Advantages and disadvantages*

Ce que j'aime surtout, …	*What I like most of all …*	même (si)	*even (if)*
c'est la variété du travail	*is the variety of work*	C'est/Ce n'est pas bien payé.	*It is/It isn't well paid.*
le/la patron(ne)	*boss*	monotone	*monotonous*
mes collègues (m/f)	*my colleagues/workmates*	satisfait(e)	*satisfied*
		sévère	*strict*
		enfermé(e) dans un bureau	*shut up in an office*
le salaire	*salary*	fatigant(e)	*tiring*
les heures (f) de travail	*hours of work*	gratifiant(e)	*rewarding*
les gens (m)	*the people*	sale	*dirty*
sauf	*except*	stressant(e)	*stressful*

Mots

6 Il faut bosser!

On a/On n'a pas …	You have/don't have …	On doit se lever tôt.	You have to get up early.
beaucoup de/pas mal de	a lot of	On reçoit un pourboire.	You get a tip.
contact avec les gens (m)	contact with people	On travaille en équipe.	You work in a team.
responsabilité	responsibility	On voyage beaucoup.	You travel a lot.
temps libre	free time	Les heures sont longues.	The hours are long.

Les offres d'emploi — *Job adverts*

l'aptitude (f) sportive	sporting ability	Comme vous verrez dans mon CV, …	As you will see from my CV …
la maîtrise de l'anglais	fluency in English	Dans l'attente de votre réponse	Looking forward to hearing from you
les langues (f) étrangères	foreign languages		
J'ai vu votre annonce …	I saw your advert …	Je vous prie d'agréer l'expression de mes salutations sincères	Yours sincerely
Je voudrais poser ma candidature pour le poste de …	I would like to apply for the job of …		
Veuillez trouver ci-joint …	Please find attached …		

Au téléphone — *On the telephone*

Ici, (Pierre Dupont).	(Pierre Dupont) speaking.	Ça s'écrit comment?	How do you spell that?
Je voudrais parler à …	I'd like to speak to …	Ne quittez pas.	Hold the line.
Je regrette. Il/Elle n'est pas là en ce moment.	I'm sorry. He/She isn't here at the moment.	Je vais vous passer …	I'll put you through to …
Vous voulez laisser un message?	Do you want to leave a message?	Quel est votre numéro (m) de téléphone/portable/fax?	What's your telephone/mobile/fax number?
C'est de la part de qui?	Who's it from?	Je rappellerai demain.	I'll call back tomorrow.

Les problèmes au travail — *Problems at work*

Le plus grand problème, c'est …	The biggest problem is …	l'handicapé(e)	disabled person
		l'immigré(e)	immigrant
		le/la musulman(e)	Muslim
le racisme	racism	il ne faut pas tolérer	you/we must not tolerate
le sexisme	sexism	tout à fait inacceptable	completely unacceptable
les blagues (f) racistes	racist jokes	le préjugé	prejudice
la discrimination contre	discrimination against		

Les stages en entreprise — *Work experience*

J'ai fait mon stage dans …	I did my work experience in …	Je faisais des photocopies.	I did the photocopying.
J'ai fait ça pendant une semaine.	I did it for a week.	Je classais des fiches.	I did the filing.
		Je prenais des commandes.	I took down orders.
J'ai passé deux semaines dans …	I spent two weeks in …	Je prenais des rendez-vous.	I booked appointments.
un garage/une banque	a garage/a bank	Je servais les clients.	I served customers.
une agence de voyages	a travel agency	Je travaillais à l'ordinateur.	I worked on the computer.
une école primaire/maternelle	a primary/nursery school	Je répondais au téléphone.	I answered the telephone.
une usine	a factory		
J'ai appris beaucoup de choses.	I learned a lot.	J'envoyais des brochures.	I sent out brochures.
		Je faisais le café.	I made the coffee.
Je n'ai pas appris grand-chose.	I didn't learn much.	Je surveillais les enfants.	I watched the children.
		J'aidais pendant leurs leçons.	I helped in lessons.
Je n'ai rien appris.	I didn't learn anything.	Je n'avais pas grand-chose à faire.	I didn't have much to do.
C'était …	It was …		
une perte de temps totale	a complete waste of time	Je (ne) m'entendais (pas) bien avec …	I (didn't get) got on well with …
une expérience positive	a positive experience		
Ce n'était pas complètement positif.	It wasn't completely positive.	Je me suis ennuyé(e).	I was bored.
J'aidais les mécaniciens.	I helped the mechanics.	Je me sentais un peu exploité(e).	I felt a bit exploited.
Je rangeais les outils.	I put away the tools.		

Déjà vu 1: Destinations touristiques

7 Tourisme

(pages 124–125)

Les Français et les vacances

* Presque quatre-vingt-dix pour cent des Français prennent leurs vacances en France.
* Quatre séjours sur dix sont au bord de la mer et un tiers sont à la campagne.
* Vingt-deux pour cent en moyenne des Français vont aussi à l'étranger chaque année. Les pays européens les plus visités sont: l'Espagne, l'Italie, le Portugal, la Grande-Bretagne et l'Irlande.
* Les activités de vacances les plus populaires à l'étranger sont: les visites touristiques (soixante-dix-huit pour cent), les promenades (vingt-quatre pour cent) et la baignade ou la plage (quatorze pour cent).
* Un Français sur deux part en vacances d'hiver.
* Trente-quatre pour cent des Français ont réservé leurs vacances sur Internet, quarante-quatre pour cent sont allés dans une agence de voyages et trente-cinq ont réservé par téléphone.
* Les parcs de loisirs en France sont populaires! Il y a soixante-dix millions de visiteurs dans les parcs de loisirs chaque année, dont Disneyland Paris (douze millions), Futuroscope (un peu plus d'un million) et Parc Astérix (presque deux millions.)

un tiers – a third
la baignade – swimming in the sea

1 Trouvez et soulignez ces chiffres dans le texte. Écrivez à quoi ils correspondent.

| a | 12 million | c | almost 90% | e | $\frac{1}{3}$ | g | 4 out of 10 | i | 24% |
| b | 34% | d | 1 out of 2 | f | 22% | h | 44% | j | 14% |

2 Vous êtes une star de la pop et vous êtes riche. Répondez aux questions de l'interview.

Où préférez-vous passer les vacances d'été?
_____

Et les vacances d'hiver?
_____

Vous préférez quelle sorte de logement?
_____

Avec qui préférez-vous partir en vacances?
_____

Où allez-vous partir en vacances l'année prochaine?
_____

⭐ Give as much detail in your answers as you can. Don't just say the bare minimum! Remember, you will get more marks for using a variety of structures and tenses and giving more detail.

Déjà vu 2: La météo [pages 126–127]

7 Tourisme

1 Casse-tête! Complétez chaque groupe de phrases.

> Identify the structure used in the example phrase in each group.
> Then apply the same pattern to the other words/phrases.

1 y avoir du vent: Il y a du vent.
   faire beau: _____
   pleuvoir: _____
   neiger: _____

2 nuages: Il y aura des nuages.
   orages: _____
   vent: _____
   brouillard: _____

3 il neige: Il neigeait.
   il fait beau: _____
   il y a des nuages: _____
   il pleut: _____

4 beau: Il fera beau.
   neige: _____
   pleut: _____
   mauvais: _____

5 averses: Il y avait des averses.
   éclaircies: _____
   la pluie: _____
   du brouillard _____

6 il neigera: la neige
   le ciel sera nuageux: _____
   le temps sera orageux: _____
   il pleuvra: _____

2 Écrivez un poème sur la météo de demain en France! Attention, les villes et le temps doivent rimer!

À Pau, il fera beau ...

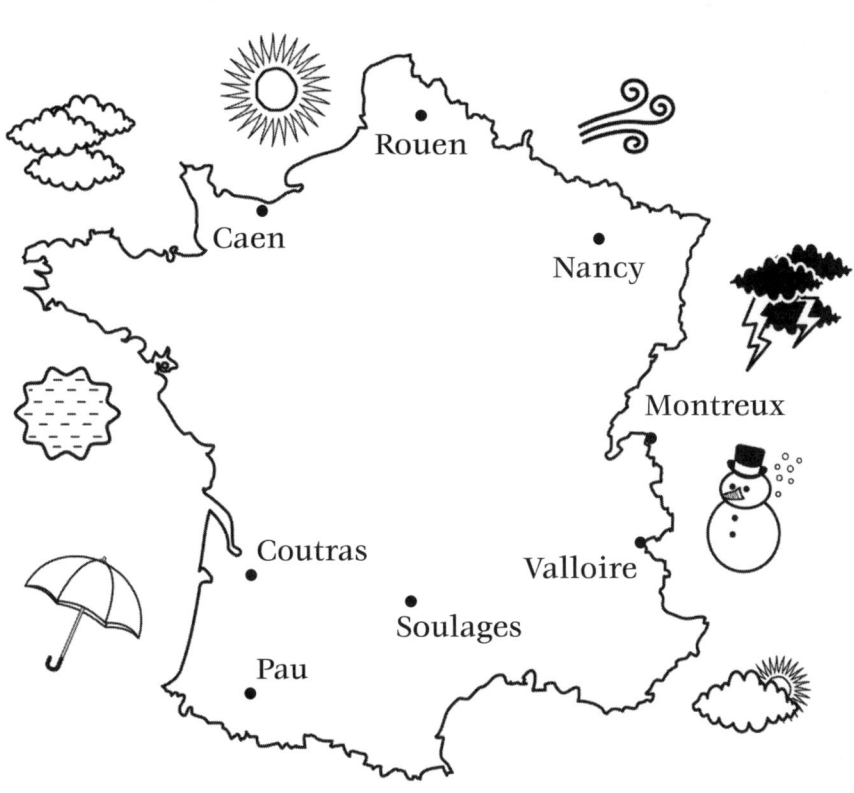

Edexcel GCSE French © Pearson Education Limited 2009

63

7 Tourisme

1 Choisir un hôtel en France [pages 128–129]

Les hôtels à Sainte-Marie

Hôtel Belle-vue ★★★

L'Hôtel Bellevue est un hôtel de charme idéalement situé à 4km de Sainte-Marie, à 10km de Rochefort et à 2km (5 minutes en voiture) de la plage.

L'hôtel est composé de 14 chambres et suites personnalisées, d'une piscine chauffée et d'un salon de thé.

40€ par personne par nuit, petit déjeuner inclus.

HÔTEL BEL AIR★★★★

Situé au cœur de la ville, l'hôtel Bel Air domine la magnifique baie de Sainte-Marie et sa plage de sable fin.

Près de la gare et des commerces.

Ascenseur – Parking – Garage – 20 chambres.

55€ par personne par nuit, petit déjeuner inclus.

Hôtel Magenta ★★

Idéalement situé à Sainte-Marie, à 100m du centre-ville, de la plage et du Casino, l'Hôtel Magenta vous propose 40 chambres spacieuses, dont trois suites de trois personnes et deux suites de quatre personnes réparties sur quatre niveaux.

Ascenseur – coffre fort – veilleur de nuit.

Deux parkings municipaux à 50 mètres, dont un couvert et un payant.

Ouvert toute l'année. Animaux admis.

Petit déjeuner continental servi en chambre ou dans le vaste salon de l'Hôtel.

35€ par personne par nuit, petit déjeuner inclus.

Hôtel de la Poste ★

Situé à Sainte-Marie

Lieu privilégié au cœur même du Vieux Quartier à 30m de la plage et du Centre piétonnier.

À votre disposition 16 chambres, tout confort, équipées:

Télévision, Salle de Bains, Douche, Bains, W.C., Téléphone direct, Air conditionné.

40€ par personne par nuit.

Petit déjeuner 7€.

Parkings municipaux à proximité.

7 Tourisme

1 Lisez et trouvez un hôtel qui convient à chaque personne.

1 I would like a swimming pool at the hotel. _____

2 I would like to take my dog. _____

3 I'm coming by train so would like to be near the station. _____

4 I'd like a car park at the hotel. _____

5 There are four of us and we'd like share a suite. _____

6 I'd like to stay in a four star hotel. _____

7 I'd like to stay in the old quarter. _____

8 I'd like a hotel with a tea room. _____

9 I'd like to have breakfast in the bedroom. _____

10 I'd like a hotel with a lift but fewer than 25 rooms. _____

11 I'd like to stay a little way out of Sainte-Marie. _____

12 I'd like a phone in the room. _____

> **Expo-langue**
> To compare two things:
> **plus** (adjective) **que** = more than   **moins** (adjective) **que** = less than
> Remember, the adjective needs to agree with the noun it describes.

2 Écrivez six phrases pour comparer les quatre hôtels.

Exemple: L'Hôtel Bel Air est plus cher que l'Hôtel Magenta.

| petit | grand | cher | confortable | luxueux |
| pratique | équipé | charmant | près (de la plage) |

_____
_____
_____
_____
_____
_____

3 Adaptez ce paragraphe pour décrire l'hôtel que vous préférez.

Je préfère rester dans un petit hôtel près du centre-ville. J'aime faire du shopping donc je voudrais être près des commerces. Mon fils a une mobilité réduite donc nous avons besoin d'un ascenseur. Mais le plus important, c'est d'avoir une piscine à l'hôtel. Ce n'est pas nécessaire d'avoir un parking parce nous arriverons par le train mais j'aimerais avoir une connexion Internet.

7 Tourisme

2 Mes projets pour les vacances [pages 130–131]

1 Lisez les informations. Trouvez et soulignez:

la ville (en bleu); les dates et le prix (en noir); les sports qu'on peut faire (en rouge); l'heure d'arrivée et l'heure de départ (en vert).

Stage Multi montagne à Chamonix: 15/17 ans

Coordonnées
UCPA
131, rue du Lyret – BP3
74400
Chamonix Cedex
FRANCE
Accès: Gare SNCF: Chamonix (à 300m).

Le Programme
Du 2 juillet au 19 août
7 jours – À partir de 430€
Transport non compris

Nombre de séances:
1 journée de canyoning +
1 journée d'escalade +
1 journée de randonnée +
1 demi-journée de descente en raft + piscine +
1 journée VTT.

Le Centre
Très bon confort: ☆☆☆☆
Au pied du Mont-Blanc, dans un décor unique et impressionnant, Chamonix est la capitale de la haute-montagne. C'est aussi un terrain de jeu inégalable, des événements sportifs et culturels, une ville cosmopolite et une atmosphère incomparable!

Animation
Sur le centre: badminton, volley-ball, basket, stretching, mini-foot, tennis de table, grands jeux, soirée danse et borne Internet.

Jour après jour
Dimanche: Accueil de 9 à 12h. Réunion d'information sur votre stage à 11h30.
Après-midi: petite randonnée sur le Brevent.
Lundi: Journée moyenne montagne, rando pédestre panoramique dans le massif des Aiguilles Rouges.
Mardi: Une journée verticale: escalade au Gailland.
Mercredi: Une journée aquatique en canyon.
Jeudi: Une journée détente. Le matin: piscine L'après-midi: descente en raft sur l'Arve (6 km).
Vendredi: Une journée roue libre en VTT.
Samedi: Balade dans Chamonix. Fin de stage à 14h.

2 Vous allez faire ce stage sportif. Répondez aux questions.

1 Qu'est-ce que vous ferez pendant les grandes vacances?
2 Ça se passera où exactement?
3 Ça coûtera combien?
4 Avec qui est-ce que vous ferez ce stage?
5 Quels sports est-ce que vous ferez?
6 Vous y passerez combien de temps?
7 Qu'est-ce que vous ferez la première journée?
8 Quel jour sera votre journée préférée?
9 Qu'est-ce que vous ferez le soir?
10 Vous partirez quand?

7 Tourisme

3 Camping la Forêt [pages 132–133]

1 Écrivez le contraire des phrases 1–10 en utilisant les mots a–j.

- **a** sale
- **b** bruyant
- **c** toujours
- **d** en plein soleil
- **e** ne … jamais
- **f** affreux
- **g** mal
- **h** abominable
- **i** horrible
- **j** nul

1 La machine à laver marchait bien. _____
2 Il y avait un emplacement à l'ombre. _____
3 Les sanitaires étaient très propres. _____
4 Il y avait de l'électricité tout le temps.
_____
5 La piscine était super. C'était ouvert toute la journée.
_____
6 Les douches étaient super. Il y avait toujours de l'eau chaude.
_____
7 Le camping était tranquille. C'était parfait pour des vacances calmes!
_____
8 Les croissants et les baguettes de la boulangerie étaient délicieux.
_____
9 On n'entendait jamais les voisins après minuit.
_____
10 Tout était super. Je vous écris pour vous remercier pour ces vacances superbes! _____

2 Vous avez passé des vacances affreuses au Camping Nullepart. Transformez les phrases de l'exercice 1 pour vous plaindre.

> Don't just use **ne … pas** to make all the sentences negative; in at least half the sentences, use words which mean the opposite (see exercise 1) or think of a different way of saying the negative phrase.
> Il y avait beaucoup d'emplacements. → Le camping était complet.
> Add more detail to your complaint if you can, using the imperfect tense to say what happened.

7 Tourisme

4 Visitez la Côte d'Amour, Bretagne

[pages 134–135]

1 Regardez le titre des six paragraphes. Écrivez les titres en anglais.

SAINT-JEAN-DE-LUZ

Saint-Jean-de-Luz se trouve dans le sud-ouest de la France sur la côte Atlantique.

Entre l'océan et les Pyrénées, à deux pas de l'Espagne, c'est le lieu de séjour idéal pour découvrir la France.

La baie de Saint-Jean-de-Luz est protégée et a de belles plages. On peut s'y baigner en famille en toute sécurité.

La culture
Il y a beaucoup d'édifices historiques tels que la Maison de l'Infante, la maison Louis XIV et l'église Saint-Jean-Baptiste. Pendant toute l'année, il y a des festivals dédiés au théâtre, à la musique classique, au cinéma et au chant.

Pour les sportifs
Entre terre et mer, entre océan et montagnes, à Saint-Jean-de-Luz le sport est un mode de vie. Côté mer, il y a la voile, la planche à voile, la natation, la plongée, les promenades et la pêche en mer.
Côté terre, vous avez le golf, la pelote, le tennis, ou vous pouvez explorer la région à cheval, à pied ou à VTT.

Se détendre
À Saint-Jean-de-Luz, le climat est exceptionnellement doux. Il y a un centre de thalassothérapie. Vous trouverez des rues piétonnes, des terrasses ombragées, des boutiques et restaurants animés. Le soir, il y a le casino et des discothèques.

Gastronomie
Les restaurants offrent un choix de produits locaux tels que les chipirons, les poissons grillés, et les fruits de mer.
Il ne faut pas oublier de déguster le célèbre gâteau basque et le fromage de brebis accompagné de sa confiture de cerises noires.

Les enfants
Pour les enfants il y a des clubs de plage avec deux terrains de volley-ball, un grand portique, des balançoires, des trampolines, des tables de ping-pong, des baby-foot, un sautoir … tout pour bien s'amuser!

Handiplage
Le site Handiplage est ouvert du 15 juin au 15 septembre.
Un handiplagiste est présent pour accueillir les personnes à mobilité réduite, les aider aux transferts et à la mise à l'eau. Trois tiralos sont à disposition. Le site est également équipé d'un vestiaire avec douche et toilettes accessibles.

- Don't panic when you see a longer text. You don't need to understand everything.
- First of all, have a quick scan through for gist. In this case look at the heading for each paragraph and get an idea of the main topics covered.
- Only then start reading for details. First of all, see what you do understand before starting to look up words.
- For words you don't know, make sensible guesses from the rest of the sentence and see if you can work out words which look like English words.

7 Tourisme

2 Trouvez les mots et les phrases en français pour:

1. Atlantic coast _____
2. ideal holiday resort _____
3. historic buildings _____
4. between land and sea _____
5. on horseback, on foot or on mountain bike _____
6. exceptionally mild _____
7. centre for seawater therapy _____
8. local products _____
9. black cherry jam _____
10. everything to have a good time _____
11. disabled people _____
12. getting in the water _____

3 Complétez la fiche avec des informations en anglais. Écrivez au moins deux détails pour chaque section.

Saint-Jean-de-Luz

Location:	To relax:
Culture:	Food:
Sports in the sea:	For children:
Sports on the land:	Accessibility:

4 Écrivez une petite brochure touristique sur une ville près de chez vous. Utilisez les titres suivants.

La culture
Pour les sportifs
Pour se détendre
La gastronomie   Pour les enfants

> ⭐ Take sentences from the text and adapt them to say what you want to say, e.g. À **York**, le climat est exceptionnellement **chaud en été**. Il y a beaucoup d'édifices historiques tels que **York Minster, le musée du Château** …

7 Tourisme

5 La nourriture & 6 Plage, mer et soleil

(pages 136–139)

Des vacances pour quoi faire?
Trouveras-tu la recette des vacances qui reposent?

Les vacances sont un moment spécial, quand on fait quelque chose de différent, hors du quotidien. Finis les emplois du temps archi-remplis. On peut se la couler douce! On peut changer de rythme et se coucher plus tard. Une enquête a montré que 72% des 13–16 ans se couchent après 23h00 quand il n'y a pas d'école le lendemain. Pour la plupart des jeunes, des vacances reposantes, c'est ne rien faire de particulier, voir des amis, faire du sport, partir en famille pendant deux semaines, prendre un autre rythme.

Voici ce que pensent trois jeunes Français:

Luc: Moi, je préfère passer mes vacances à l'étranger. Enfant, je passais toutes mes vacances en France. C'était bien, mais maintenant, j'ai envie de visiter des pays différents. Au lycée, j'étudie l'anglais et l'italien. L'année dernière, j'ai passé deux semaines en Italie, mais l'année prochaine, je passerai mes vacances en Angleterre; peut-être une semaine à Londres et une semaine dans une région plus tranquille dans le nord. Je pourrais pratiquer l'anglais et en apprendre plus sur la culture britannique. J'aimerais visiter les monuments et les musées à Londres. La seule chose que je n'aimerais pas, c'est la pluie car moi, j'adore le soleil!

Robert: Ce que j'adore, c'est la mer et le soleil. J'ai de la chance d'avoir des cousins à Biarritz sur la côte Atlantique. Là-bas, je peux me relaxer avec le beau temps et la plage pendant les vacances d'été. Quand j'étais petit, on allait à Biarritz au moins deux fois par an. J'ai appris à nager dans la mer à Biarritz quand j'avais cinq ans! Maintenant, j'adore les sports nautiques. Cette année, je ferai un stage de ski nautique. Ça va être super! J'ai déjà fait un peu de ski nautique l'année dernière. C'était très fatigant, mais j'ai adoré!

Malika: Pour moi, la chose la plus importante pendant les vacances, c'est manger! On peut manger ce qu'on veut et quand on veut. Il ne faut pas manger à heure fixe. Au lieu de me lever à 6h15, je m'offre une grasse matinée jusqu'à 11 heures ou 11h30. Je prends un chocolat chaud et un croissant vers midi, ensuite je n'ai pas besoin de déjeuner!
Quand je pars en vacances avec ma famille, on va souvent au restaurant et j'adore ça. Moi, je préfère la cuisine italienne: les pizzas, les spaghettis à la bolognaise et la soupe minestrone. Tout ça, c'est délicieux! Ma sœur préfère la cuisine à base de riz, par exemple la cuisine chinoise ou indienne. Mes parents préfèrent la cuisine française, donc on a du mal à choisir un restaurant qui plaise à toute la famille! L'année dernière, on a mangé dans un restaurant superbe. J'ai pris une soupe, des tagliatelles, puis une tarte au citron et j'ai bu de l'eau et un peu de vin. Je voudrais y retourner cette année!

7 Tourisme

1 **Reliez l'anglais et le français:**

1	hors du quotidien	a	packed full
2	archi-remplis	b	what you want when you want
3	des vacances reposantes	c	I don't have to
4	c'est ne rien faire de particulier	d	I treat myself to a lie-in
5	j'ai de la chance	e	out of the ordinary
6	ce qu'on veut et quand on veut	f	relaxing holidays
7	je m'offre une grasse matinée	g	I'm lucky
8	je n'ai pas besoin de	h	it's to do nothing special

2 **Qui ...**

1 veut perfectionner une langue étrangère?
2 se lève tard en vacances?
3 aime aller sur la côte?
4 ne prend pas de déjeuner en vacances?
5 aimerait voir des sites touristiques?
6 aime bien manger pendant les vacances?
7 veut visiter deux endroits différents cette année?
8 aime le beau temps? (deux personnes)

3 **Trouvez le texte qui utilise ...**

1 le présent, le passé composé et le conditionnel. _____

2 le présent, l'imparfait, le passé composé et le futur. _____

3 le présent, l'imparfait, le passé composé, le futur et le conditionnel. _____

4 **Choisissez deux textes et résumez-les en 50 mots chacun.**

5 **Vous avez gagné au loto! Écrivez un texte sur les vacances. Mentionnez:**

- le genre de vacances que vous aimez
- ce que vous faisiez en vacances quand vous étiez petit(e)
- ce que vous allez faire cette année
- ce que vous voudriez faire.

> Remember, you will get better grades if you use three or more tenses correctly in your speaking and writing. Always try to use at least present, future and past tenses in your work. As well as including at least three tenses in your writing, try to use at least five of the expressions from exercise 1. Try to memorise the expressions so you can use them in a future piece of writing/speaking.

7 Tourisme

7 L'année dernière [pages 140–141]

1 Complétez le texte avec les verbes pour faire les mots croisés.

> ⭐ Think carefully! Most of the verbs are in the perfect or imperfect tense. Remember, most single events in the past use the perfect. Use the imperfect to say what you did regularly in the past or to describe how something was.
> There is one verb in the present tense – look at the rest of the sentence to find out which one!

Alexis, 17 ans

Alors, moi, l'année dernière j'_____ (avoir) [11 ↓] neuf semaines de vacances en été: pas de lycée, pas de devoirs. Super cool!

J'habite à Strasbourg et au mois de juillet, j'y _____ (rester) [12 ↓] pour travailler dans un bureau. C'_____ (être) [14 ↓] pour gagner de l'argent pour mes vacances d'été. Je _____ (faire) [5 ↓] du travail administratif. Au mois d'août, je _____ (partir) [1 ↓] pour le sud de la France avec mes deux copains. On y est allés en voiture.

Nous _____ (faire) [15 →] du camping près de Nice. Nous _____ (être) [17 →] tous fanas de musique et dans le sud en août, il y a beaucoup de festivals musicaux. Alors, tous les jours, on _____ (avoir) [4 →] le même programme: le matin, on _____ (dormir) [10 →]; l'après-midi, on _____ (aller) [9 →] à la plage et le soir, on _____ (assister) [11 →] à un concert. J'adore la mer; j'_____ (nager) [7 →] et j'_____ (faire) [6 ↓] beaucoup de surf. Je fais du surf depuis douze ans. Quand j'_____ (être) [8 ↓] petit, je _____ (regarder) [3 ↓] mon père qui _____ (faire) [2 ↓] du surf et quand j'_____ (avoir) [13 ↓] cinq ans il m'a appris à en faire. Tout de suite, j'_____ (adorer)! [16 ↓]

Grammaire

7 Tourisme

1 **Complétez les conjugaisons.**

  1 Je vais; tu _____; nous _____

  2 Tu es allé(e); elle ____ ____; nous ____ _____

  3 Il allait; nous _____; ils _____

  4 On ira; j'_____; nous _____

  5 Elle irait; nous _____; elles _____

  6 Je vais aller; on ____ _____; nous ____ _____

> *Expo-langue*
> Remember, the irregular verb **aller** (to go) is very important. Make sure you can use it in all tenses. Also, check you know how to use the **nous** (we) form of the verbs in all tenses. Use exercises 1 and 2 to check your knowledge.

2 **Complétez le texte avec un verbe de l'exercice 1.**

> Each verb should be in a different tense.

L'année dernière, _____ en Espagne. Un jour, _____ à Barcelone quand il y a eu un accident.

L'année prochaine, _____ à Londres en Angleterre, mais si j'avais le choix, _____ aux États-Unis.

En ce moment, je suis dans le train; _____ à Paris pour le week-end.

Demain, _____ à la tour Eiffel et le soir, on va voir un spectacle.

3 **Voici des conseils pour passer des vacances dans une auberge de jeunesse. Mettez les verbes ci-dessous à l'impératif et complétez le texte avec ces verbes.**

> *Expo-langue*
> The imperative is used to give instructions. Use the **vous** form of the verb without **vous**. Remember, the **vous** form always ends in **–ez**. One irregular verb is **être**: the imperative is **soyez**!

Pour aller dans une auberge de jeunesse …
- _____ organisé(e)!
- _____ sur Internet et _____ toutes les auberges de jeunesse dans la région que vous avez choisie.
- _____ l'adresse et le numéro de téléphone ou _____ la page.
- _____ un e-mail, _____-les par téléphone ou _____ une lettre.
- _____ vos places au moins deux mois à l'avance.
- Une semaine avant votre départ, _____ votre réservation!

Use each verb only once!

  réserver
  être   chercher
écrire confirmer regarder imprimer
  envoyer   noter
      contacter

Mots

7 Tourisme

En vacances / *On holiday*

le camping	*campsite*	Je pars avec ma famille/ ma classe/mes amis.	*I'm going (away) with my family/my class/my friends.*
le gîte	*holiday house*		
la caravane	*caravan*		
la chambre d'hôte	*bed and breakfast*	Nous allons à Paris/ en Dordogne.	*We're going to Paris/ to the Dordogne.*
la tente	*tent*	On va loger dans un hôtel.	*We're going to stay in a hotel.*
l'auberge (f)	*inn*		
l'auberge (f) de jeunesse	*youth hostel*	J'ai visité le Louvre.	*I visited the Louvre.*
l'hôtel (m)	*hotel*	On va visiter les châteaux.	*We're going to visit the castles/chateaux.*

Le temps / *The weather*

la météo	*weather forecast*	Il y avait des orages.	*It was stormy.*
Il fait beau.	*It is fine.*	Il pleuvait.	*It rained.*
Il y a du brouillard.	*It is foggy.*	Il fera beau.	*It will be fine.*
Il y a des nuages.	*It is cloudy.*	Il y aura du vent.	*It will be windy.*
Il y a des orages.	*There are storms.*	Il neigera.	*It will snow.*
Il y a du soleil.	*It is sunny.*	au nord de l'Angleterre	*in the north of England*
Il y a du vent.	*It is windy.*	au sud de l'Écosse	*in the south of Scotland*
Il neige.	*It is snowing.*	à l'est de l'Irlande du Nord	*in the east of Northern Ireland*
Il pleut.	*It is raining.*		
Il faisait beau.	*It was fine.*	à l'ouest du pays de Galles	*in the west of Wales*

Les saisons / *The seasons*

au printemps	*in spring*
en été/automne/hiver	*in summer/autumn/winter*

Les vacances / *Holidays*

les grandes vacances	*the summer holidays*	j'irai au bord de la mer	*I'll go to the seaside*
je passerai mes vacances …	*I'll spend my holidays …*	je ferai des petits jobs	*I'll do some part-time work*
je ferai du baby-sitting	*I'll do some babysitting*	je ferai un stage de (surf)	*I'll do a (surfing) course*
j'irai chez …	*I'll go to …'s house*	je préférerais passer mes vacances …	*I'd prefer to spend my holidays …*
je ferai de la pêche	*I'll go fishing*		
je ferai des balades en vélo	*I'll go for bike rides*	quand je serai plus grand(e)	*when I'm older*
je ferai de la planche à voile	*I'll go windsurfing*	louer une caravane/ un appartement	*to hire a caravan/ apartment*
je jouerai au tennis	*I'll play tennis*		

Au camping / *At the campsite*

la pataugeoire	*paddling pool*	le terrain de pétanque	*bowling area*
l'épicerie (f)	*grocery shop*	les randonnées (f)	*hikes*
la salle de jeux	*games room*		

Mots

Se plaindre / Making a complaint

Je vous écris pour me plaindre de mon séjour.	I'm writing to you to make a complaint about my stay.
complet/complète	full
Il/Ils fonctionnait/fonctionnaient à peine	It/they hardly worked
Il n'y avait pas d'emplacements.	There weren't any sites.
Les sanitaires n'étaient pas propres.	The toilets weren't clean.
Il y avait trop de bruit.	There was too much noise.
vu que les conditions n'étaient pas acceptables	as the conditions weren't acceptable
J'attends donc un remboursement.	So I expect a refund.

Un dépliant touristique / A tourist brochure

la Bretagne	Brittany	des sentiers (m) pédestres	footpaths
breton/bretonne	from Brittany	des pistes (f) cyclables	cycle paths
une station balnéaire	a seaside resort	des allées (f) cavalières	bridle paths
se vante d'être	claims to be	visitez …	visit …
bénéficier de	to enjoy	dégustez …	try … (food/drink)
un terrain de golf (à neuf trous)	a (nine-hole) golf course		

La nourriture / Food

au restaurant	at the restaurant	l'omelette (f)	omelette
au fast-food	at the fast-food restaurant	les frites (f)	chips
à la pizzeria	at the pizzeria	les lasagnes (f)	lasagne
à la crêperie	at the creperie	les boissons (f)	drinks
Que voudrais-tu?	What would you like?	l'eau (f) minérale	mineral water
Je voudrais …	I'd like …	le vin rouge/blanc	red/white wine
Qu'est-ce que tu prends?	What are you having?	la tarte au citron/aux pommes	lemon/apple tart
Je prends … (comme entrée).	I'm having … (as a starter).	la glace	ice cream
le plat	main course	l'addition (f)	the bill
la crêpe	crepe/pancake		
le dessert	dessert	Il/Elle était trop …	It was too …
le plat du jour	dish of the day	cuit(e)	well done
le plateau de fromages	cheese board	salé(e)	salty
la salade (de tomates)	(tomato) salad	sec/sèche	dry
la soupe du jour	soup of the day	sucré(e)	sweet
l'agneau (m)	lamb	Il n'y avait pas assez de sauce.	There wasn't enough sauce.

Mes vacances / My holidays

Quand j'étais petit(e), …	When I was little …	Nous sommes partis à 6h.	We left at 6 o'clock.
on faisait des balades	we used to go for walks	Il y avait du monde à la gare.	It was very busy at the station.
ça allait	that was OK	Nous nous sommes arrêtés à …	We stopped at …
Maintenant, j'aimerais …	Now I would like …		
je préférerais	I would prefer	L'année prochaine, j'irai aux États-Unis.	Next year I'll go to the United States.
Je n'aimerais pas faire ce séjour parce que …	I wouldn't like to go on this holiday because …	Je ferai un séjour d'escalade.	I'll go on a climbing holiday.
L'année dernière, nous avons pris le train pour Paris.	Last year, we took the train to Paris.		

8 Mode de vie

Déjà vu 1: Ce qu'on mange et ce qu'on boit [pages 148–149]

1 Répondez à la question avec dix réponses différentes en utilisant les phrases suivantes.

> Qu'est-ce que vous mangez et buvez …??

> Don't always give the simplest answer to a question. Try to use a variety of structures and tenses. Use exercise 1 to try different ways of answering the same question.

1 D'habitude, _____

2 Le matin _____ et le soir _____

3 Si je ne suis pas trop pressé(e) _____

4 Quelquefois, je _____ mais je préfère _____

5 Je déteste _____ alors, je _____

6 Alors, ça dépend _____

7 _____ j'en bois quelquefois, mais en général, _____

8 Hier, j'ai mangé _____

9 Alors, demain, je _____

10 Alors, _____ je n'en mange pas, mais je _____

2 Écrivez l'interview de Guillaume Gourmand au sujet de ses repas. Utilisez le présent, le passé et le futur et utilisez les phrases que vous avez préparées dans l'exercice 1.

Qu'est-ce que vous mangez au petit déjeuner?
Alors, d'habitude, je mange trois bols de céréales, cinq croissants …

> Qu'est-ce que vous mangez au petit déjeuner/au déjeuner/au dîner?
> Où mangez-vous …?
> Le week-end …?
> Mangez-vous …?/Buvez-vous …?
> Qu'est-ce que vous avez mangé …?
> C'est votre anniversaire la semaine prochaine. Vous mangerez un repas spécial?

8 Mode de vie

Déjà vu 2: Mon corps et moi &
1 Ça ne va pas [pages 150–153]

> *Expo-langue*
> The following are useful impersonal expressions, all followed by the infinitive.
> **Il faut …** (I/you/we have to)
> **Il a fallu …** (I/you/we had to …)
> **Il vaut mieux …** (It would be better to …)

1 Écrivez les mots de ces phrases dans le bon ordre.

1. mettre antiseptique crème Il de la faut
2. vaut le un Il rendez-vous prendre mieux chez dentiste
3. immédiatement Il prendre de faut l'aspirine
4. fallu l'hôpital Il faire aller à une radio a
5. Il aller mieux à rien l'hôpital vaut vérifier que je n'ai pour
6. Si maison mieux vaut toussez, il vous rester à la
7. un pansement piqûre mettre a adhésif fallu sur Il la

2 Lisez les trois mots d'excuse. Donnez des conseils à chaque personne. Qu'est-ce qu'il faut faire? Qu'est-ce qu'il vaut mieux faire?

1 Il faut rester …   Il vaut mieux prendre … et …

1 Désolé, mais je ne peux pas aller au match. J'ai de la fièvre et j'ai aussi très mal au ventre et à la tête. Je dois rester à la maison toute la journée. Le médecin a dit que j'avais la grippe.

2 Désolée, je ne peux pas aller à mon cours de danse lundi soir et je ne pourrai pas y aller pendant six semaines. Je suis tombée en courant après mon lapin dans le jardin et je me suis cassé le bras. Maintenant j'ai le bras dans le plâtre. C'est pas marrant!

3 Désolé, mais je ne peux pas aller à la fête samedi soir. Je suis tellement enrhumé que je ne peux pas respirer. J'ai mal à la gorge et mal à la tête et je tousse tout le temps. C'est affreux!

3 Regardez les dessins et écrivez deux mots d'excuse.

Désolé(e), je ne peux pas … J'ai …

1. match de foot ✗

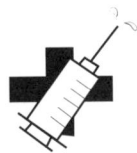

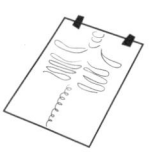

2. concert de rock ✗

2 Garder la forme (pages 154–155)

1 Lisez les textes pendant une minute et reliez les trois problèmes aux conseils.

Des questions pour notre infirmière!

J'ai toujours froid en hiver!

Je suis toujours fatiguée. Qu'est-ce que je peux faire?

Après le collège j'ai toujours très faim, puis au dîner, je n'ai plus faim.

1 C'est peut-être le manque de régularité dans ton sommeil. C'est important d'aller se coucher à heure fixe. Va te coucher au moment où tu t'endors le plus.

Pense aussi à varier tes repas. Mange des fruits et des légumes plusieurs fois par jour et du poisson une fois par semaine. Pour retrouver de l'énergie, grignotte des fruits secs (noix, amandes) ou séchés (abricots, dattes).

Si ton collège est à moins de 2km, vas-y à pied. Évite aussi de prendre l'ascenseur, ça te fera faire un peu d'exercice.

2 Prends un goûter après être rentré du collège: un goûter idéal, c'est un laitage, des céréales ou un jus de fruits. Par exemple du pain, du fromage et un verre de jus d'orange OU une banane et des petits biscuits trempés dans un yaourt. À éviter: les barres chocolatées, les chips et les sodas; c'est trop sucré ou trop salé et ça manque de vitamines. En plus, goûter permet de dîner plus léger et de t'endormir sans digestion difficile.

3 Réchauffe-toi de l'intérieur. Pour produire de la chaleur, mange du pain, des céréales, des pâtes ou des pommes de terre; ces sucres lents sont de véritables usines à calories pour la journée. Les oranges, pamplemousses et kiwis sont riches en vitamine C. Ces fruits t'aideront à lutter contre les rhumes, grippes et autres maladies en renforçant ton système immunitaire.

2 Écrivez un poster en français. Utilisez ces informations.

To have more energy:
- Vary your meals
- Munch on dried fruit
- Avoid chocolate bars and crisps
- Eat bread, cereal and pasta to get warm
- Go to bed at the time when you feel most sleepy
- Avoid using lifts
- Eat oranges, grapefruits and kiwis for vitamin C

> You may need to adapt some sentences from the text.
> Use the **tu** form of the imperative; for most verbs, take the **tu** form of the verb and take off the 's'. **Tu varies → Varie!**

3 Corrigez ces conseils.

1 Mange des chips quand tu rentres du collège.
2 Évite de manger des dattes quand tu as faim.
3 Si tu habites à 1 km du collège, prends le bus.
4 Les petits biscuits t'apportent des sucres lents.
5 Ne mange pas trop de poisson.
6 Ce n'est pas important d'aller au lit à heure fixe.
7 Mange beaucoup avant d'aller au lit.

> Remember, **du, de la, de l'** and **des** change to **de** after a negative.
> Ne mange pas **de** chips.

8 Mode de vie

3 La dépendance (pages 156–157)

1 Trouvez l'anglais dans un dictionnaire.

1 comportement
2 tentatives
3 proches
4 un suivi
5 régler
6 le défi
7 réussir
8 perçue (percevoir)
9 subissent (subir)
10 le sort

2 **Lisez le texte pendant une minute et notez *trois* choses que vous avez comprises.**

16 yr old girl; …

> When reading a complex text, remember your reading strategies. Look for cognates, near cognates and things you <u>can</u> understand.
> Use common sense, context and your knowledge of French grammar to work things out.
> Use a dictionary for those phrases you still don't know, but even when looking in a dictionary you still have to select the best meaning which fits the context of the text.

Salut! Je m'appelle Aurélie et j'ai seize ans.

Il y a maintenant de cela deux ans, j'ai été confrontée à différents problèmes: consommation abusive de drogue, divers problèmes de <u>comportement</u>, délinquance, troubles obsessionnels compulsifs et <u>tentatives</u> de suicide.

Pourquoi? Parce que je me sentais mal, rejetée, abandonnée, livrée à moi-même, délaissée par mes <u>proches</u>, parents et ami(es).

Et pourtant j'étais une petite fille totalement inoffensive, très autonome et aussi très seule …

Je me retrouve aujourd'hui dans un hôpital spécialisé. Je suis une cure de désintoxication et trois fois par semaine, j'ai <u>un suivi</u> personnalisé pour me venir en aide.

Cependant, il reste encore quelque chose à <u>régler</u>: ma réintégration sociale, surtout parmi les jeunes. Et voilà le grand <u>défi</u>!

Chaque fois que j'essaie, même de toutes mes forces, de <u>réussir</u> ma socialisation, je suis jugée et rejugée. J'ai l'impression d'être constamment <u>perçue</u> comme étant un véritable monstre!

C'est pour cette raison que j'aimerais être en contact avec des jeunes de mon âge qui <u>subissent</u> le même <u>sort</u>. Question de compréhension … Merci.

3 **Complétez les phrases en anglais.**

1 Two years ago, Aurélie was overcome with problems, including _____

2 She felt she was _____

3 Today she is in _____

4 One thing she still has to sort out is _____

5 It's difficult because _____

6 She would like _____

4 Veux-tu te marier? [pages 158–159]

8 Mode de vie

1 Lisez le problème de Sandrine. Pour chaque phrase, écrivez si vous êtes d'accord ou pas d'accord. Si possible, justifiez votre réponse.

> Mon problème, c'est que je ne m'entends pas du tout avec mon père. Je crois qu'il ne m'aime pas et j'ai l'impression de n'avoir aucun lien affectif avec lui. Je crois qu'il préfère mon frère. Quand je me dispute avec mon petit frère (qui a douze ans), mon père est toujours de son côté. Ce n'est pas juste!
> Mais le plus grand problème en ce moment, c'est mon copain. Moi, j'ai 15 ans et mon copain a 20 ans. Mon père ne veut pas le rencontrer et il refuse que je sorte avec lui. Qu'est-ce que je peux faire? Comment lui montrer que je ne suis plus sa petite fille? **Sandrine, 15 ans**

C'est triste.   Ce n'est pas grave.   C'est normal.

C'est un problème commun.   C'est la honte.   C'est juste.

---

2 Écrivez une réponse à Sandrine.

Je ne vois pas pourquoi …

Je pense que …

Je suis sûr(e) que …

Il faut/Il ne faut pas (+ infinitif)

La différence d'âge est/n'est pas …

Tu devrais … (+ infinitif, par exemple communiquer plus/essayer de …)

On n'est pas forcé de …

Essaie de/Parle à/Sois patiente avec … (+ infinitif)

Un père, c'est souvent moins démonstratif …

⭐ Use the phrases in the box to help you construct your answer. Check out what they mean first if you're not sure. You should write 75–100 words. Often when giving advice you need the imperative: **Essaie de … Parle …**

Another useful structure is: **Tu devrais …** (You should …)

Use your glossary or a dictionary to check words/phrases you're using.

Look through your work when you've finished and ask your partner to check. Can it be improved?

Grammaire

1 Répondez aux questions de l'interview en utilisant *en* ou *si* (ou les deux).

> **Expo-langue**
> **en** is used to replace a quantity with **du/de la/de l'/des**.
> It always goes just before the verb, even when there is a negative.
> Tu manges de la viande? → J'**en** mange; je n'**en** mange pas.
> Remember to use **si** to say *yes* when you answer a negative question.

1 Manges-tu du fromage au petit déjeuner?
   Oui, j'en mange tous les jours.

2 Bois-tu du jus d'orange au petit déjeuner?
   _____

3 Tu ne manges pas de céréales?
   _____

4 Tu ne bois pas de chocolat chaud?
   _____

5 Bois-tu de l'eau au déjeuner?
   _____

6 Manges-tu des sandwichs au déjeuner?
   _____

7 Tu ne manges pas de légumes au dîner?
   _____

8 Tu ne bois pas de vin au dîner?
   _____

> **Expo-langue**
> Most adverbs end in **–ment** (**lentement**) but a few don't, for example, **bien**, **mal**, **toujours**.

2 Trouvez dix adverbes dans la grille. Puis utilisez-les pour compléter le texte.

r	a	v	c	e	j	r	q	c	p	s	e	n
é	f	v	o	i	m	d	é	l	s	m	f	r
g	é	n	é	r	a	l	e	m	e	n	t	a
u	h	x	b	u	l	ç	l	w	u	u	o	p
l	b	k	i	í	t	i	e	a	l	r	u	i
i	g	y	h	k	d	b	n	x	e	s	j	d
è	w	w	g	l	o	p	t	t	m	c	o	e
r	w	d	u	j	y	w	e	q	e	k	u	m
e	z	a	b	z	m	x	m	p	n	w	r	e
m	s	a	i	n	e	m	e	n	t	e	s	n
e	x	k	e	f	é	o	n	g	i	y	a	t
n	l	m	n	h	ñ	b	t	z	j	b	d	é
t	h	e	u	r	e	u	s	e	m	e	n	t

NB Use each adverb only once!
En général, je mange _____
mais le matin, _____ je ne
prends pas de petit déjeuner. Pendant
la journée, je bois _____ de
l'eau.
Le week-end, je fais _____
de l'exercice. _____, j'aime le
sport. Je joue _____ au tennis;
je ne joue pas _____, en fait,
je joue _____ mais j'adore ce
sport! Pour faire plus d'exercice, je
vais au travail à pied et je marche
_____, pas _____.

Mots

8 Mode de vie

Bon appétit! — *Enjoy your meal!*

Mon repas préféré, c'est le poulet.	*My favourite meal is chicken.*
Je mange …	*I eat …*
des céréales (f)	*cereals*
du pain grillé	*toast*
une tartine (beurrée)	*a slice of bread and butter*
du yaourt liquide	*drinking yoghurt*
de la viande	*meat*
un steak haché	*a burger*
du chou-fleur	*cauliflower*
des légumes (m)	*vegetables*
des oignons (m)	*onions*
un biscuit	*a biscuit*
une mousse au chocolat	*chocolate mousse*
des petits gâteaux (m)	*small cakes*
un fruit	*a (piece of) fruit*
une orange	*an orange*
Je bois du thé.	*I drink tea.*

Le corps — *The body*

le bras	*arm*
le cou	*neck*
le dos	*back*
le nez	*nose*
le ventre	*stomach*
la bouche	*mouth*
la gorge	*throat*
la langue	*tongue*
la main	*hand*
la tête	*head*
l'estomac (m)	*stomach*
les dents (f)	*teeth*
les doigts (m)	*fingers*
les jambes (f)	*legs*
les oreilles (f)	*ears*
les pieds (m)	*feet*
les yeux (m)	*eyes*

Je suis malade — *I'm ill*

J'ai mal au bras/à la jambe/à l'oreille.	*I've got a sore arm/leg/ear.*
J'ai mal aux dents.	*I've got toothache.*
Je suis enrhumé(e).	*I've got a cold.*
Je me suis cassé la jambe.	*I've broken my leg.*
J'ai été piqué(e) par une guêpe.	*I've been stung by a wasp.*
J'ai …	*I've got …*
une grippe	*flu*
de la fièvre	*a fever*
Je tousse.	*I'm coughing.*

Qu'est-ce qui ne va pas? — *What's wrong?*

Si vous avez (mal à la tête), …	*If you have (a headache), …*
Il faut …	*You need …*
prendre de l'aspirine/des comprimés	*to take some aspirin/pills*
sucer une pastille antiseptique	*to suck a throat sweet*
mettre de la crème antiseptique	*to put on some antiseptic cream*
un pansement	*bandage*
des pansements adhésifs	*plasters*
une paire de ciseaux	*a pair of scissors*
une solution antiseptique	*disinfectant (for cuts, etc.)*
Je dois …	*I must …*
rester à la maison/au lit	*stay at home/in bed*
boire beaucoup d'eau	*drink lots of water*
me reposer	*rest*
Il m'a fait une ordonnance.	*He gave me a prescription.*
Il faut prendre le médicament toutes les deux heures.	*I have to take the medicine every two hours.*
Il faut/Il a fallu aller à l'hôpital pour faire une radio/un examen	*I have to/had to go to the hospital for an x-ray/examination*
Il vaut mieux prendre …	*It would be better to get …*
un rendez-vous chez le dentiste	*a dentist's appointment*
un rendez-vous chez le médecin	*a doctor's appointment*

Edexcel GCSE French © Pearson Education Limited 2009

Mots

8 Mode de vie

Garder la forme / *To keep fit*

Je suis en forme.	*I'm fit.*
Pour garder la forme, …	*To keep fit …*
je mange sainement	*I eat healthily*
je ne bois que de l'eau	*I only drink water*
je ne mange pas de sucreries	*I don't eat sweet things*
je ne mange pas beaucoup de graisses	*I don't eat much fat*
je fais beaucoup d'exercice	*I do lots of exercise*
je fais de l'exercice régulièrement	*I exercise regularly*
Je mangeais/buvais/faisais …	*I used to eat/drink/do …*
Je pourrais manger/boire/faire …	*I could eat/drink/do …*
Je pourrais faire un régime.	*I could go on a diet.*

Quand et comment? / *When and how?*

d'habitude	*usually*
également	*equally/also*
finalement	*finally*
généralement	*generally*
lentement	*slowly*
heureusement	*fortunately*
malheureusement	*unfortunately*
personnellement	*personally*
rapidement	*quickly*
régulièrement	*regularly*
sainement	*healthily*
seulement	*only*
tellement	*so*
uniquement	*solely*
bien	*well*
mal	*badly*
mieux	*better*
toujours	*always*

La dépendance / *Addiction*

Les cigarettes coûtent cher.	*Cigarettes are expensive.*
Ses vêtements sentent la fumée.	*His/Her clothes smell of smoke.*
C'est dégoûtant.	*It's disgusting.*
C'est déstressant.	*It's relaxing.*
Le problème le plus grave, c'est …	*The most serious problem is …*
le tabagisme	*smoking*
l'alcool (m)	*alcohol*
le SIDA	*AIDS*
la drogue	*drugs*
l'anorexie (f)	*anorexia*
Ils ne remarquent pas quand ils ont trop bu.	*They don't notice when they've had too much to drink.*
Ce n'est pas bon pour la santé.	*It's not good for your health.*
C'est du gaspillage.	*It's a waste.*
Ça coupe l'appétit.	*It suppresses your appetite.*
Ils nous montrent le mauvais exemple.	*They set a bad example.*
Ça me donne confiance.	*It gives me confidence.*
Il est mort d'un cancer des poumons.	*He died of lung cancer.*
C'est difficile d'arrêter.	*It's difficult to stop.*
Je fume depuis (quatre ans).	*I've been smoking for (four years).*
Je suis devenu(e) dépendant(e).	*I got hooked/addicted*
C'est presque impossible de …	*It's almost impossible to …*
à mon avis	*in my opinion*
selon moi	*in my opinion*
je pense que …	*I think that …*
je trouve que …	*I find that …*
je suis pour/contre … parce que …	*I'm for/against … because …*

Plus tard / *In the future*

Je (ne) veux (pas) me marier.	*I (don't) want to get married.*
On veut avoir des enfants.	*We want to have children.*
Je ne veux pas avoir d'enfant.	*I don't want to have children.*
Nous voulons vivre ensemble.	*We want to live together.*
Les enfants coûtent cher.	*Children are expensive.*
Il faut s'occuper d'eux tout le temps.	*You have to look after them all the time.*
Je veux …	*I want …*
devenir médecin	*to become a doctor*
tomber amoureux/euse	*to fall in love*
un grand mariage	*a big wedding*
un petit copain riche	*a rich boyfriend*
Ils se disputent.	*They argue.*
divorcé(e)	*divorced*
séparé(e)	*separated*

9 Le monde en danger

1 On devrait faire ça! (pages 166–167)

1 Casse-tête! Mettez les mots mélangés dans le bon ordre pour compléter les phrases 1–8.

1 On pourrait organiser des _____

2 On pourrait donner de l'argent _____

3 Nous devrions réagir plus rapidement _____

4 On pourrait réduire le prix des _____

5 On devrait acheter des produits issus du _____

6 On devrait écrire au gouvernement pour le _____

7 Nous pourrions parrainer un enfant dans _____

8 Nous devrions faire quelque chose pour _____

- quelque persuader faire chose de
- Afrique un en pays comme en ou pauvre Inde
- le comme équitable chocolat et le commerce café
- réchauffement planète arrêter le de la
- collège activités au pour l'argent collecter de
- désastre une quand un ou famine dans pauvres les il y a pays autre
- médicaments aux développement pays en voie de essentiels
- causes bonnes mois aux comme Frontières chaque Médecins Sans

2 Numérotez les phrases 1–8 par ordre d'importance (selon vous).

3 Qu'est-ce que vous pourriez faire dans votre collège pour collecter de l'argent? Faites un poster avec cinq ou six idées.

Nous pourrions organiser une soirée disco avec notre groupe 'Les rebelles.'

Expo-langue
Remember to use the conditional of modal verbs to say what could and should be done:
On pourrait/Nous pourrions … = We could …
On devrait/Nous devrions … = We should …

9 Le monde en danger

2 Les problèmes locaux (pages 168–169)

1 Lisez et complétez la description de Superville.

Moi, j'habite une maison très moderne et confortable dans la _____. C'est bien parce qu'il y a beaucoup de choses à _____ pour les jeunes; par exemple, il y a un club des jeunes, un cinéma et un centre sportif tout près. Quand on _____ aller en ville, il y a un bus qui passe _____. Je dois dire _____ les transports en commun sont super.

Ce _____ est bien ici, c'est que l'air n'est pas pollué. _____ deux ans, on a créé une zone piétonne, donc il n'y a _____ de voitures ou de gros camions et il n'y a pas d'_____. C'est très propre ici. On peut y trouver un peu de tranquillité. Avant, _____ bruyant tout le temps, mais maintenant, c'est _____ calme. _____, il y a des espaces verts où les enfants peuvent _____ en toute sécurité.

Le mieux, c'est qu'il n'y a pas beaucoup de chômage. Il y a du _____ pour tout le monde, ce qui est bien pour la _____ de famille.

Dans le quartier, il y a des poubelles et un centre de recyclage où on _____ mettre les bouteilles, les journaux, les boîtes, etc., ce qui est _____ pour l'environnement. C'est super, Superville!

qui
veut
travail
que
très
jouer
vie
faire
bon
embouteillages
plus
c'était
complètement
banlieue
il y a
souvent
peut
en plus
mal

2 Écrivez le contraire de ces mots. Il y a plusieurs possibilités.

1. moderne
2. beaucoup de choses à faire
3. tout près
4. super
5. de la tranquillité
6. calme
7. le mieux
8. le travail
9. bien
10. propre

Expo-langue
Negative expressions go around the verb:
ne … pas: makes a positive phrase negative
ne … personne: no-one
ne … plus: no longer
ne … que: only
ne … aucun(e): not any/no
ne … ni … ni: neither … nor
Try to use all of these in exercise 3.

3 Transformez le texte de l'exercice 1 de Superville à Mauvaiseville. Tout est négatif! Utilisez les mots de l'exercice 2.

Moi, j'habite une maison très vieille et pas du tout confortable …

⭐ It may not just be a matter of adding negatives to the text. You may have to restructure your sentences so that they make sense or look for opposites of adjectives:
Les transports en commun sont super. → Les transports en commun sont nuls.
Check your work carefully when you have finished.

3 L'environnement va mal! [pages 170–171]

9 Le monde en danger

1. Pour vous aider à faire le quiz, cherchez dans un dictionnaire l'anglais correspondant aux mots soulignés dans le texte.

2. Faites le quiz pour trouver si vous faites assez pour l'environnement et lisez vos résultats.

---

1 Quand tu sors d'une pièce, tu éteins la lumière et les appareils électriques (TV, radio, ordinateur …), sans les laisser en position <u>veille</u>.
♣ parfois   ♠ toujours   ♦ rarement

2 En hiver à la maison, tu portes un pull pour ne pas mettre le chauffage trop fort.
♠ toujours   ♦ rarement   ♣ parfois

3 Quand tu fais ta toilette, tu prends:
♠ une douche rapide   ♣ une longue douche   ♦ un bain

4 Tu n'utilises de l'eau chaude que quand c'est vraiment nécessaire (pour te laver le corps par exemple).
♣ parfois   ♦ rarement   ♠ toujours

5 Tu évites de gaspiller du papier.
♠ toujours   ♣ parfois   ♦ rarement

6 Dans les magasins, tu fais attention aux produits que tu achètes:
– tu choisis ceux qui respectent l'environnement,
– tu évites le <u>suremballage</u>, les produits <u>jetables</u> (lingettes, stylos …), les gadgets …
♦ rarement   ♠ toujours   ♣ parfois

7 Tu tries tes déchets (bouteilles en plastique, papier, verre…).
♠ toujours   ♦ rarement   ♣ parfois

8 <u>Piles</u> électriques, médicaments, <u>ampoules</u> … Tu les jettes séparément des autres déchets.
♦ non   ♠ oui   ♣ ça dépend

9 Pour les petits trajets, tu y vas le plus souvent:
♣ en métro ou en bus   ♦ en voiture avec tes parents   ♠ à vélo ou à pied

10 Pour partir en vacances, tu prends:
♠ le train   ♦ l'avion   ♣ la voiture

Résultats:

Majorité de ♠: **Planète gagnante!** Bravo! Tu as déjà de très bons réflexes qui aident à <u>lutter</u> contre le réchauffement climatique. Si seulement tout le monde pouvait <u>agir</u> comme toi! N'hésite pas à en parler à tes amis ou à ta famille pour les inciter à changer leurs habitudes. La Terre compte sur toi, continue ainsi.

Majorité de ♣: **Planète bof, bof …** Mouais … Tu essaies de ne pas trop gaspiller. C'est déjà bien, mais tu peux encore faire mieux. Il te suffit de changer quelques <u>gestes</u> au quotidien pour économiser encore plus d'énergie et réduire ta production de gaz carbonique (CO_2). Montre de quoi tu es capable pour sauver la planète.

Majorité de ♦: **Planète nulle …** Mmmm … tu ne fais pas beaucoup pour la planète. Tu dois changer tes habitudes quotidiennes. D'abord, essaie de changer au moins deux ou trois choses. Tu dois absolument le faire pour sauver la planète!

3. Qu'est-ce que vous ferez à l'avenir? Utilisez les phrases du quiz.

J'éteindrai les lumières et les appareils électriques.

9 Le monde en danger

4 Avant et après [pages 172-173]

1 Lisez les notes et faites une liste de:

   1 ce qu'elle a fait hier elle a pris un bain, …

   2 ce qu'elle faisait avant

   3 ce qu'elle fera à l'avenir (imaginez!)

> Voici des notes sur Lucie Pasécolo:
> Hier, elle a pris un bain comme tous les matins. Avant, elle se douchait, mais ça consommait très peu d'eau, donc elle a commencé à prendre un bain. Après son bain, elle n'a pas éteint la lumière et elle a monté le chauffage parce qu'elle avait froid. Avant, elle baissait le chauffage après sa douche.
>
> Elle est allée au collège en voiture avec sa mère. Avant, elle y allait à pied avec ses copains, mais elle n'aimait pas le mauvais temps en hiver ou la pluie et elle a commencé à y aller en voiture. Après le collège, quand elle a fait les magasins, elle n'a fait aucun effort pour acheter des produits respectueux de l'environnement. Quand elle a fait ses devoirs, elle a gaspillé du papier. Avant, elle utilisait les deux côtés, mais maintenant, elle n'en utilise qu'un et elle n'achète jamais de papier recyclé.
>
> Et à l'avenir? Elle sera Lucie Écolo ou Lucie Pasécolo? Vous devez décider!

2 Écrivez une interview de Lucie Pasécolo.

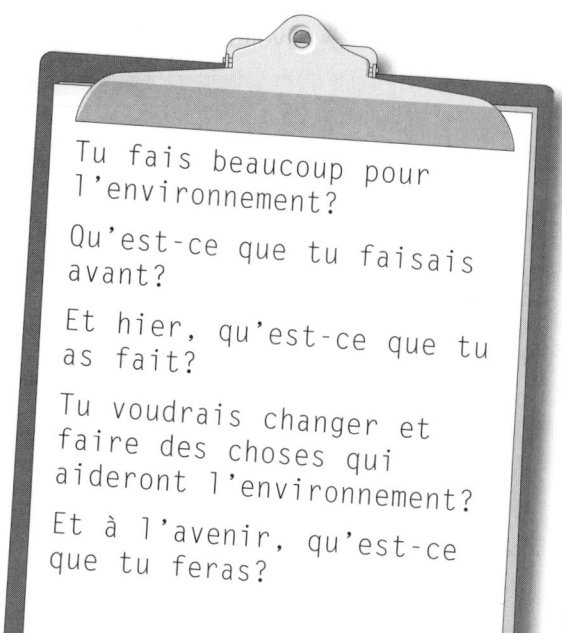

> Tu fais beaucoup pour l'environnement?
>
> Qu'est-ce que tu faisais avant?
>
> Et hier, qu'est-ce que tu as fait?
>
> Tu voudrais changer et faire des choses qui aideront l'environnement?
>
> Et à l'avenir, qu'est-ce que tu feras?

> ★ Use all the questions in the list and add more if you like. Make sure you look at the tense of the questions and answer using that tense. There are five different tenses in the questions. If you show you can use different tenses in your speaking and writing, you will get a better grade!
>
> Don't just give the shortest answer; try to give as many details as you can.

5 À la une (pages 174–175)

9 Le monde en danger

> Remember your reading strategies when reading a text with unknown language.
> Read through quickly for gist and concentrate on what you <u>do</u> understand.
> Read again in more detail and try to work out more meaning using cognates and near cognates.
> Use the context and your knowledge of grammar to work out others.
> Look up any words you really don't know in a dictionary.
> Work through the activities to practise these skills.

1 Lisez le texte ci-dessous pendant une minute et notez *trois* choses que vous avez comprises.

12 countries affected

Le tsunami: des <u>morts</u>, des <u>blessés</u>, des villes <u>détruites</u>

- Douze pays en tout ont été touchés par le tsunami avec 300 000 morts. On <u>dénombre</u> des morts en Asie, mais aussi en Afrique de l'Est.
- Un million de personnes ont été déplacées et <u>privées</u> de maisons après le tsunami dans les deux pays les plus touchés: l'Indonésie et le Sri Lanka. Le Sri Lanka a été l'un des pays les plus durement touchés par le tsunami; plus de 35 000 morts sur 19 millions d'habitants. Il faut ajouter <u>plusieurs</u> <u>dizaines</u> de réfugiés en Inde et en Thaïlande.
- 1755 écoles ont été détruites en Indonésie, 200 en Inde et 182 au Sri Lanka. Beaucoup ont pu être reconstruites <u>grâce aux dons</u> de l'étranger.
- 250 hôpitaux ont été détruits en Indonésie.
- Aux Maldives 130 îles (sur 200) ont été <u>inondées</u>. 14 îles avaient été évacuées.
- Et la nature? Les <u>récifs de corail</u> ont été <u>abîmés</u>. Des sources d'eau douce ont été infiltrées par l'eau de mer et de produits polluants.

2 Traduisez ces mots selon leur sens dans le texte. Ne consultez pas de dictionnaire, utilisez le contexte.

touché(es)	dizaines	infiltré(es)
dénombre	réfugié(s)	produits
déplacé(es)	évacué(es)	
privé(es)	île(s)	

3 Cherchez les mots soulignés dans un dictionnaire.

Expo-langue
Remember the passive. It's used to describe things that **are done** to someone or something. Use the relevant tense of **être** + past participle (which must agree).
La forêt **a été détruite**. – The forest *has been destroyed*.

4 Trouvez ces verbes au passif dans le texte:

1 were destroyed
2 were able to be rebuilt
3 were displaced
4 were flooded
5 had been evacuated
6 were ruined
7 were affected
8 were infiltrated

Grammaire

9 Le monde en danger

1 Faites les mots croisés.

> ***Expo-langue***
> Learning different tenses of common verbs is really important for your exam. You should know the patterns of common verbs in the present, the perfect, the imperfect, the future and a few in the conditional. Check the verb tables at the back of the book, if necessary.

→

6 Une ambulance _____ _____ immédiatement. (arriver, perfect)
7 La pollution _____ la couche d'ozone. (détruire, present)
8 Ils _____ _____ les journaux. (recycler, perfect)
9 J'_____ au collège à pied. (aller, future)
11 + 5 ↓ Il _____ et la rue _____ glissante. (pleuvoir, être, imperfect)
13 Vous _____ des produits biologiques? (acheter, future)
14 J'_____ la lumière. (éteindre, present)
16 Je _____ voir un monde sans guerre. (vouloir, conditional)
18 Tu _____ un pull? (mettre, future)
21 Les gens _____ trop leurs voitures. (utiliser, present)
22 Nous _____ organiser un concert. (pouvoir, conditional)

↓

1 Il y _____ beaucoup de circulation. (avoir, imperfect)
2 On ne _____ pas respirer. (pouvoir, present)
3 Elle ne _____ pas sortir de la voiture. (pouvoir, imperfect)
4 Vous _____ le verre? (recycler, present)
5 Voir 11 →
10 Il _____ envoyer de l'aide. (falloir, present)
12 Elle _____ les transports en commun. (utiliser, future)
15 Ce matin, je me _____ _____. (se doucher, perfect)
17 On _____ faire quelque chose. (devoir, conditional)
19 Avant, on _____ les déchets à la poubelle. (jeter, imperfect)
20 Il _____ _____ en collision avec une voiture. (entrer, perfect)

Mots

9 Le monde en danger

Les problèmes mondiaux — *World problems*

Le plus grand problème du monde, c'est …	*The biggest problem in the world is …*
le SIDA	*AIDS*
le terrorisme	*terrorism*
le réchauffement de la planète	*global warming*
la faim	*hunger*
la guerre	*war*
la pauvreté	*poverty*
l'Afrique (f)	*Africa*
l'Inde (f)	*India*
les pays (m) en voie de développement	*developing countries*
les produits issus du commerce (m) équitable	*fair trade products*
la famine	*famine*
la paix	*peace*
la sécurité	*safety*
les médicaments (m)	*medicine*
On devrait …	*We should …*
On pourrait …	*We could …*
Il faut …	*We must …*
collecter de l'argent	*collect money*
combattre le SIDA	*fight AIDS*
donner de l'argent aux bonnes causes	*give money to charity*
écrire au gouvernement	*write to the government*
faire quelque chose	*do something*
organiser des événements	*organise events*
parrainer un enfant	*sponsor a child*

Les problèmes locaux — *Local problems*

Ce qui est bien/nul, c'est …	*The good/bad thing is …*
On ne peut pas respirer à cause de la pollution.	*You can't breathe because of the pollution.*
Il n'y a qu'un bus par jour.	*There's only one bus a day.*
Il n'y a plus de cinéma.	*There's no longer a cinema.*
Le club des jeunes est fermé.	*The youth club is closed.*
Il n'y a ni poubelles ni centres de recyclage.	*There are neither rubbish bins nor recycling points.*
On jette des déchets par terre.	*Rubbish is thrown on the ground.*
Les jeunes n'ont rien à faire.	*Young people have nothing to do.*
On ne voit personne.	*You don't see anyone.*
La police ne vient jamais.	*The police never come.*
Il n'y a aucun travail.	*There's no work.*
Beaucoup de gens sont au chômage.	*Lots of people are unemployed.*
le camion	*lorry*
la criminalité	*crime*
la circulation	*traffic*
la zone piétonne	*pedestrian precinct*
les distractions (f)	*entertainment*
les embouteillages (m)	*traffic jams*
les heures (f) de pointe	*rush hour*
les transports (m) en commun	*public transport*
le quartier	*district, part of town*
la maison individuelle	*detached house*
la maison jumelle	*semi-detached house*
l'HLM (habitation à loyer modéré) (f)	*council flat/house*
bruyant(e)	*noisy*
dangereux/euse	*dangerous*
pollué(e)	*polluted*
propre	*clean*
rapide	*fast*
sale	*dirty*
tranquille	*quiet*

Mots

9 Le monde en danger

L'environnement / *The environment*

Il faut …	*We must …*
éteindre la lumière	*switch off the light*
baisser le chauffage central	*turn down the central heating*
acheter des produits bios/verts	*buy organic/ environmentally friendly products*
recycler	*recycle*
Il ne faut pas …	*We mustn't …*
gaspiller l'énergie	*waste energy*
laisser le robinet ouvert	*leave the tap running*
utiliser trop d'emballages	*use too much packaging*
détruire la couche d'ozone	*destroy the ozone layer*
empoisonner la terre	*poison the earth*
utiliser trop les voitures	*use cars too much*
le carton	*cardboard*
le frigo	*fridge*
les gaz (m) d'échappement	*exhaust fumes*
le journal	*newspaper*
le recyclage	*recycling*
le sac en plastique/toile	*plastic/cloth bag*
le verre	*glass*
la boîte	*can, tin*

Pour changer la situation / *To change the situation*

Je me douche au lieu de prendre un bain.	*I take a shower instead of a bath.*
Je partage la voiture avec trois autres.	*I share the car with three others.*
J'ai recyclé mon portable.	*I recycled my mobile.*
On a installé des containers pour le verre.	*We installed containers for glass.*
On a construit un petit parc.	*We made a little park.*
On a créé un espace vert/une zone piétonne.	*We created a green space/a pedestrian precinct.*
On recyclera/utilisera/éteindra …	*We will recycle/use/switch off …*
On ne gaspillera pas …	*We won't waste …*

À la une / *In the headlines*

le désastre	*disaster*
le feu	*fire*
l'ouragan (m)	*hurricane*
la fuite	*leak, spillage*
l'incendie (m)	*fire*
l'inondation (f)	*flood*
la sécheresse	*drought*
la conservation	*conservation*
l'arbre (m)	*tree*
la forêt	*forest*
le paysage	*countryside*
la côte	*coast*
la mer	*sea*
le pétrole	*crude oil*
la vie marine	*marine life*
un manque de pluie depuis dix mois	*a lack of rain for 10 months*
sec/sèche	*dry*
plusieurs	*several*
des centaines (f) de	*hundreds of*
les dégâts (m)	*damage*
les espèces (f) en voie d'extinction	*endangered species*
détruit(e) par	*destroyed by*
dévasté(e) par	*devastated by*
inondé(e) par	*flooded by*
menacé(e) de	*threatened by*
tué(e) par	*killed by*

Useful verb tables

Regular verbs

Learn the patterns and you can use any regular verbs!

INFINITIVE	PRESENT TENSE (stem + present tense endings)	PERFECT TENSE (auxiliary + past participle)	FUTURE TENSE (infinitive + future endings)	IMPERFECT TENSE (stem + imperfect endings)
regarder to watch	je regard**e** tu regard**es** il regard**e** nous regard**ons** vous regard**ez** ils regard**ent**	j'ai regard**é** tu as regardé il a regardé nous avons regardé vous avez regardé ils ont regardé	je regarder**ai** tu regarder**as** il regarder**a** nous regarder**ons** vous regarder**ez** ils regarder**ont**	je regard**ais** tu regard**ais** il regard**ait** nous regard**ions** vous regard**iez** ils regard**aient**
finir to finish	je fin**is** tu fin**is** il fin**it** nous fin**issons** vous fin**issez** ils fin**issent**	j'ai fini tu as fini il a fini nous avons fini vous avez fini ils ont fini	je finirai tu finiras il finira nous finirons vous finirez ils finiront	je finissais tu finissais il finissait nous finissions vous finissiez ils finissaient
attendre to wait	j'attend**s** tu attend**s** il attend nous attend**ons** vous attend**ez** ils attend**ent**	j'ai attend**u** tu as attendu il a attendu nous avons attendu vous avez attendu ils ont attendu	j'attendrai tu attendras il attendra nous attendrons vous attendrez ils attendront	j'attendais tu attendais il attendait nous attendions vous attendiez ils attendaient
se connecter to connect	je **me** connecte tu **te** connectes il **se** connecte nous **nous** connectons vous **vous** connectez ils **se** connectent	je me suis connecté(e) tu t'es connecté(e) il s'est connecté nous nous sommes connecté(e)s vous vous êtes connecté(e)(s) ils se sont connectés	je me connecterai tu te connecteras il se connectera nous nous connecterons vous vous connecterez ils se connecteront	je me connectais tu te connectais il se connectait nous nous connections vous vous connectiez ils se connectaient

Useful verb tables

Key irregular verbs

INFINITIVE	PRESENT TENSE (Watch out for the change of stems)	PERFECT TENSE (auxiliary + past participle)	FUTURE TENSE (stem + future endings)	IMPERFECT TENSE (stem + imperfect endings)
avoir to have	j'**ai** tu **as** il **a** nous **avons** vous **avez** ils **ont**	j'ai **eu** tu as eu il a eu nous avons eu vous avez eu ils ont eu	j'**aur**ai tu auras il aura nous aurons vous aurez ils auront	j'avais tu avais il avait nous avions vous aviez ils avaient
être to be	je **suis** tu **es** il **est** nous **sommes** vous **êtes** ils **sont**	j'ai **été** tu as été il a été nous avons été vous avez été ils ont été	je **ser**ai tu seras il sera nous serons vous serez ils seront	j'étais tu étais il était nous étions vous étiez ils étaient
faire to do/make	je **fais** tu **fais** il **fait** nous **faisons** vous **faites** ils **font**	j'ai **fait** tu as fait il a fait nous avons fait vous avez fait ils ont fait	je **fer**ai tu feras il fera nous ferons vous ferez ils feront	je faisais tu faisais il faisait nous faisions vous faisiez ils faisaient
aller to go	je **vais** tu **vas** il **va** nous **allons** vous **allez** ils **vont**	je **suis** allé(e) tu **es** allé(e) il **est** allé nous **sommes** allé(e)s vous **êtes** allé(e)(s) ils **sont** allés	j'**ir**ai tu iras il ira nous irons vous irez ils iront	j'allais tu allais il allait nous allions vous alliez ils allaient
prendre to take (*also applies to*: apprendre, comprendre …)	je **prends** tu **prends** il **prend** nous **prenons** vous **prenez** ils **prennent**	j'ai **pris** tu as pris il a pris nous avons pris vous avez pris ils ont pris	je prendrai tu prendras il prendra nous prendrons vous prendrez ils prendront	je prenais tu prenais il prenait nous prenions vous preniez ils prenaient
vouloir to want	je **veux** nous **voulons** ils **veulent**	j'ai **voulu** nous avons voulu ils ont voulu	je **voudr**ai nous voudrons ils voudront	je voulais nous voulions ils voulaient
pouvoir can/to be able to	je **peux** nous **pouvons** ils **peuvent**	j'ai **pu** nous avons pu ils ont pu	je **pourr**ai nous pourrons ils pourront	je pouvais nous pouvions ils pouvaient
devoir must/to have to	je **dois** nous **devons** ils **doivent**	j'ai **dû** nous avons dû ils ont dû	je **devr**ai nous devrons ils devront	je devais nous devions ils devaient

Other useful irregular verbs

Useful verb tables

INFINITIVE	PRESENT TENSE (Watch out for the change of stems)	PERFECT TENSE (auxiliary + past participle)	FUTURE TENSE (stem + future endings)	IMPERFECT TENSE (stem + imperfect endings)
appeler to call	j'appelle nous appelons ils appellent	j'ai appelé nous avons appelé ils ont appelé	j'appellerai nous appellerons ils appelleront	j'appelais nous appelions ils appelaient
boire to drink	je bois nous buvons ils boivent	j'ai bu nous avons bu ils ont bu	je boirai nous boirons ils boiront	je buvais nous buvions ils buvaient
conduire to drive	je conduis nous conduisons ils conduisent	j'ai conduit nous avons conduit ils ont conduit	je conduirai nous conduirons ils conduiront	je conduisais nous conduisions ils conduisaient
connaître to know	je connais nous connaissons ils connaissent	j'ai connu nous avons connu ils ont connu	je connaîtrai nous connaîtrons ils connaîtront	je connaissais nous connaissions ils connaissaient
croire to believe	je crois nous croyons ils croient	j'ai cru nous avons cru ils ont cru	je croirai nous croirons ils croiront	je croyais nous croyions ils croyaient
dire to say	je dis nous disons ils disent	j'ai dit nous avons dit ils ont dit	je dirai nous dirons ils diront	je disais nous disions ils disaient
dormir to sleep	je dors nous dormons ils dorment	j'ai dormi nous avons dormi ils ont dormi	je dormirai nous dormirons ils dormiront	je dormais nous dormions ils dormaient
écrire to write	j'écris nous écrivons ils écrivent	j'ai écrit nous avons écrit ils ont écrit	j'écrirai nous écrirons ils écriront	j'écrivais nous écrivions ils écrivaient
envoyer to send	j'envoie nous envoyons ils envoient	j'ai envoyé nous avons envoyé ils ont envoyé	j'enverrai nous enverrons ils enverront	j'envoyais nous envoyions ils envoyaient
essayer to try	j'essaie nous essayons ils essaient	j'ai essayé nous avons essayé ils ont essayé	j'essayerai nous essayerons ils essayeront	j'essayais nous essayions ils essayaient
se lever *(also applies to:* acheter*)*	je me lève nous nous levons ils se lèvent	je me suis levé(e) nous nous sommes levé(e)s ils se sont levés	je me lèverai nous nous lèverons ils se lèveront	je me levais nous nous levions ils se levaient
lire to read	je lis nous lisons ils lisent	j'ai lu nous avons lu ils ont lu	je lirai nous lirons ils liront	je lisais nous lisions ils lisaient